# AI와 다양성

AI문고

인공지능 시대입니다. 기계가 인간의 인지를 대신하고, 사물이 인간을 통하지 않고 다른 사물과 직접 커뮤니케이션합니다. 이에 따른 인간 삶과 문명 변화를 정확히 이해·예측·대응하는 것은 이 시대 우리 모두의 과제입니다. AI문고는 인공지능 기술과 환경의 여러 주제를 10가지 키워드로 정리합니다. 관련 개념과 이론, 학계와 산업계의 쟁점, 우리 일상의 변화를 다룹니다. 인간과 기술의 현재, 미래를 세심히 분석합니다.

일러두기

- 인명, 작품명, 저서명, 개념어 등은 한글과 함께 괄호 안에 해당 국가의 원어를 병기했습니다.
- 외래어 표기는 현행 어문규정의 외래어표기법을 따랐습니다.

처음이세요?

전문가세요?

# AI와 다양성

이중학

대한민국, 서울, 커뮤니케이션북스, 2025

# AI와 다양성

지은이 이중학
펴낸이 박영률

초판 1쇄 펴낸날 2025년 4월 28일

커뮤니케이션북스(주)
출판 등록 2007년 8월 17일 제313-2007-000166호
02880 서울시 성북구 성북로 5-11
전화(02) 7474 001, 팩스(02) 736 5047
commbooks@commbooks.com
www.commbooks.com



ISBN 979-11-430-0030-9 03500

책값은 뒤표지에 표시되어 있습니다.

# 차례

# AI가 다양성에 미칠 영향

인공지능(AI)은 우리의 일상과 산업 전반을 혁신하며, 상상 이상의 속도로 발전하고 있다. 빅데이터와 딥러닝이 결합된 AI는 과거 전문가 시스템의 한계를 뛰어넘어 생활 곳곳에 스며들었다. 이 책에서는 AI가 가져올 기회와 위험을 살피고, 다양성 관점에서 우리가 주목해야 할 과제와 미래 방향을 함께 모색해 보고자 한다.

## AI 진화가 만든 사회 변화

현대 AI의 부흥은 머신러닝과 딥러닝 기술의 진보로 촉발되었다. 1950년대 초반에 제시된 초기 개념은 한동안 제한된 분야에 머물렀으나, 2010년대에 접어들어 데이터량과 컴퓨팅 파워가 폭발적으로 증가하면서, 과거 인간만이 할 수 있다고 여긴 이미지 인식이나 음성 인식 등의 작업에서 인공지능(Artificial Intelligence: AI)이 인간 수준 또는 그 이상의 성능을 내기 시작했다. 최근 AI 음성 인식 기술은 비약적인 발전을 이루어, 인간과 유사한 수준의 정확도를 달성하고 있다. 2024년 1월, 마이크로

소프트는 애저(Azure) AI 음성 서비스의 음성 인식 모델을 업데이트하여 단어 오류율을 평균 18.6% 감소시켰다고 발표했고, 이러한 개선은 콜센터 대화 기록, 비디오 파일 분류하기 등 다양한 분야에서 음성 인식의 정확도를 높이는 데 기여했다(Microsoft Learn, 2025). 이러한 발전은 컴퓨터가 사람처럼 대화를 이해하고 처리할 수 있는 시대의 도래를 의미한다.

이처럼 발전 속도가 빠른 AI는 의료, 금융, 교육 등 사회 전반에 폭넓게 적용되고 있다. 예컨대 의료 영상 판독에서는 AI가 미세한 종양이나 질병 흔적을 찾아내어 정확도를 높이고, 금융권에서는 대규모 데이터를 활용한 맞춤형 신용 평가가 이루어진다. 또한 교육 분야에서는 학습자의 수준과 취향을 분석해 맞춤형 콘텐츠를 제공하는 적응형 학습 플랫폼이 등장한다 (Yang & Ettinger, 2023). 이러한 기술적 혁신은 생산성과 효율성을 향상시키는 동시에, 미래 산업 구조와 일하는 방식에 큰 변화를 가져온다(이중학 외, 2023).

그러나 AI 발전이 항상 긍정적 결과만 보장하는 것은 아니다. 필터 버블(filter bubble)과 알고리즘 편향이 대표적 사례로, 특정 집단이나 문화에 불이익을 줄 우려가 꾸준히 제기된다(Pariser, 2011). 필터 버블이란, 인터넷이나 소셜 미디어에서 사용하는 알고리즘이 사용자가 이전에 본 내용이나 좋아한 내용을 바탕으로 비슷한 정보만 계속 보여 주어, 다양한 의견이나 관점을 접할 기회를 제한하는 현상이다. 쉽게 말해, 사용자가 특정 주제의 기사나 영상을 자주 본다면 그 알고리즘은 여러분에게 오직 그와 비슷한 콘텐츠만 추천하게 된다. 이로 인해 다른 시각이나 반대 의견, 새로운 정보가 점점 여러분의 화면에서 사라지게 되어, 마치 한 곳에 갇혀 있는 것처럼 느껴지게 된다. 이러한 현상은 사회 전반의 다양한 의견을 듣고 이해하는 데 장애가 될 수 있으며, 결국 정보의 다양성과 공론장의 건강한 토론을 저해할 위험이 있다.

만약 데이터가 한정된 계층의 정보에 치우쳐 있거나, 학습 과정에서 사회적 편견이 반영된다면, AI가 생성하는 결과도 왜곡될 가능성이 크다. 이 문제를 극복하려면 데이터 세트의 다양성과 공정성을 확보하고, 모델 훈련 시 편향 요소를 지속적으로 모니터링하는 체계가 필수적이다. 또한 최근 각광받는 생성형 AI는 한발 더 나아가 콘텐츠를 직접 만들어 낸다. 이를 통해 예술, 미디어, 교육에서 폭넓은 응용이 시도되지만, 대량의 데이터를 무분별하게 학습하는 과정에서 저작권 침해나 문화적 편향 문제가 발생할 수 있다. 예를 들어 특정 언어권이나 문화권 데이터가 과도하게 반영되면 다국어 사용자를 제대로 지원하지 못할 뿐 아니라, 다양한 관점이 묻힐 가능성도 크다. 최근 한국뿐만 아니라 유럽과 일본 등에서도 전자 교과서 도입을 논의하면서 AI 적용이 화두로 떠오르고 있다. 디지털 교과서 내에 AI를 사용하면 개인 맞춤형 학습과 풍부한 자료 활용이란 장점 등도 있지만, 사용자가 AI가 생성한 내용을 분별력 있게 사용할 인지 능력과 가치 판단을 할 수 있는 연령인지에 따라서 부작용에 대한 우려도 큰 실정이다. 특히 AI 알고리즘이 갖고 있는 편향 문제는 어떤 모델을 활용하는지에 따라서 큰 부작용을 만들 수 있기 때문에 교과서 활용에 특별한 주의가 필요하다. 따라서 생성형 AI를 설계 · 운용하는 데 있어서는 데이터 출처와 표현 방식에 대한 윤리적 고려가 필수적이다.

결과적으로 AI는 개인화와 자동화를 앞당기는 유용한 도구이자, 사회 · 문화 영역 전반에 강력한 영향을 미치는 양날의 검이라 할 수 있다. 그러므로 포용적이고 책임감 있는 활용 방안을 모색한다면 AI는 인간의 한계를 보완하며 인지적 다양성을 더욱 풍부하게 만들 수 있다. 반면 AI가 지닐 수 있는 편향과 오남용 문제를 방치한다면, 기존의 불평등이 심화되거나 문화적 · 사회적 다양성이 위축될 위험이 크다. 앞으로는 기술적 혁신만큼이나 윤리적 설계와 분별력 있는 사용이 중요해질 것이고, 이에 대한 사회적 논의와 정책적 대응이 필수적이다.

이 책은 AI가 불러올 혁신과 도전, 그리고 그 속에서 다양성이 갖는 의미를 체계적으로 고찰한다. AI 시대에 우리가 마주할 공정성, 포용성, 편향의 이슈와 더불어, 교육 · 인사관리 · 문화 · 정책 등 다양한 영역에서 실천할 수 있는 내용을 제안하고자 한다. 양날의 검이란 AI가 우리에게 날카로운 면이 오지 않도록 분별력 있는 활용을 위해 이 책이 기능하길 바라며 시작해 보겠다.

### 참고문헌


이중학 외(2023). 일반인공지능 시대의 채용을 위한 연구: 증강지능(Augmented Intelligence)을 중심으로. ≪조직과 인사관리연구≫, 47(2), 1-20쪽.

Microsoft Learn(2025). Azure AI services speech service release notes. https://learn.microsoft.com/ko-kr/azure/ai-services/speech-service/releasenotes?utm_source=chatgpt.com&tabs=speech-sdk

Pariser, E.(2011). *The filter bubble: what the internet is hiding from you.* Penguin.

Yang, C. & Ettinger, A.(2023). Can you follow me? Testing situational understanding in ChatGPT [Preprint]. arXiv.

https://arxiv.org/abs/2310.16135

# 01
# AI 발전과 사회 변화

AI는 지난 수십 년간 비약적으로 발전하며 우리 사회 전반에 커다란 변화를 일으키고 있다. 과거에는 한정된 영역의 전문가 시스템에 머물렀던 AI가 이제는 빅데이터와 딥러닝에 힘입어 거의 모든 산업과 일상생활에 스며들고 있다. 이 장에서는 AI 기술 발전의 역사와 현재 흐름을 살펴보고, 이러한 변화가 사회에 어떤 혁신을 가져왔는지, 앞으로 우리는 어떤 방향으로 나아가야 할지를 조망한다.

AI와 1인 창업?

## AI가 바꾸고 있는 사회

AI는 사회 전반에 걸쳐 패러다임 전환과 변혁을 가져 오고 있다(Brynjolfsson & McAfee, 2017). 특히 2022년 11월 발표된 챗GPT는 자연어 처리 분야에서 큰 반향을 일으키며, 인공지능에 폭발적인 관심을 촉발하였다(이중학 외, 2025). 챗GPT는 인간 수준의 언어 이해 및 생성 능력을 보여 주어 대화형 인공지능의 새로운 가능성을 열었다.

이러한 기술적 도약은 산업계에서 빠른 채택으로 이어졌다. 예를 들어 한 조사에 따르면 전 세계 기업 중 72%가 이미 AI를 자사 업무에 도입했으며, 25%는 생성형 AI를 포함한 AI 에이전트를 워크플로우에 구현할 계획이다(McKinsey Digital, 2025). 불과 몇 년 전만 해도 AI는 일부 선도 기업의 실험적 도구로 여겨졌지만, 이제는 제조, 의료, 금융, 교육 등 다양한 분야에서 핵심 기술로 자리매김하고 있다. AI는 빅데이터, 로보틱스, 사물인터넷(IoT) 등 다른 첨단 기술의 발전도 주도하며, 산업 구조와 고용 양상까지 재편하고 있다. 전문가들은 가까운 미래에 자율 주행 차량, 개인화 서비스, 지능형 도시 인프라 등 AI 응용이 생활 곳곳에 확산되어 삶의 속도를 더욱 빠르게 만들 것으로 전망한다.

특히 최근의 AI 발전 동향은 대규모 언어 모델(Large Language Model: LLM), 생성형 AI(GenAI), 그리고 빅데이터 · 클라우드 · 클라우드 로보틱스의 확산과 맞물려 전 세계적으로 더욱 가속화되고 있다. 최근 2025년에 발표된 자료에 따르면, 글로벌 대기업들의 인공지능(AI) 도입과 투자가 급격히 증가하고 있다(Rattner & Dean, 2025). 이처럼 AI에 대한 관심과 투자가 확대되는 배경에는 기존 인간의 인지 능력을 모방하거나 능가할 수 있는 잠재력에 대한 기대가 큰데, 최근에는 필기체 · 음성 · 이미지 인식 능력뿐 아니라 GRE 수학 능력 수준을 상회하는 모델도 등장하여 학계와 산업계 모두 주목하고 있다(Demirci, et al., 2024).

이러한 변화의 배경에는 AI가 가지는 광범위한 확장성과 한국을 비롯한 각 국가의 구조적 과제가 복합적으로 맞물려 있다는 점도 주목해야 한다. 실제로 한국은행에서 최근 발표한 AI 관련 분석 자료(Cazzaniga, et al., 2024)도 유사한 맥락을 제시하고 있다. 해당 분석은 AI가 인간의 인지 능력을 어느 수준까지 대체 또는 보완할 수 있는지에 주목하였는데, 필기체 · 음성 · 이미지 등 다양한 인식 기술이 빠르게 발전해 이미 2017년에 비해 성능이 큰 폭으로 개선되었으며, GRE 수학 능력을 넘어서는 모델이 속속 개발되고 있음을 지적한다. 이때 대규모 언어 모델(LLM)과 생성형 AI의 등장은 '인간 수준의 언어 처리 능력 구현'이라는 기존의 기술적 과제를 가시적 성과로 바꾸어 놓았다는 점에서 의미가 크다. 전 세계 상당수의 대기업이 이미 AI를 적극 도입하거나 검토하고 있어 향후 산업 구조 변화와 고용 재편이 더욱 가속화될 것이라는 관측이 힘을 얻고 있다.

## AI의 역할

AI 도입은 한국에서도 산업 경쟁력 제고와 사회적 문제 해결의 돌파구로 거론된다. 한국은 이미 주요 반도체 생산국이자 글로벌 혁신 지수 상위권 국가로 평가받고 있으며, 빠른 고령화 속도라는 구조적 도전을 겪고 있는 상황이다(Cazzaniga, et al., 2024). 이러한 맥락에서 AI는 부족해지는 노동력을 보완하고, 고성능 칩 수요를 통해 반도체 산업에 큰 기회를 부여한다는 점에서 한국 경제의 미래 성장 동력으로 각광받고 있다. 실제로 AI 모델이 방대한 데이터를 처리하기 위해서는 고성능 메모리와 시스템 반도체가 필수적인데, 2024년 상반기 기준 한국이 전 세계 반도체 수출의 약 23%를 점유하고 있는 점(한국은행, 2025)은 이에 대한 기대를 뒷받침한다.

반면, AI 전환 과정에서 일자리 대체와 디지털 격차 심화가 야기될 수 있다는 우려도 제기된다(Georgieva, 2024). 특히 고령층 및 취약 계층에서의 실업 문제나 소득 감소에 대한 대비책이 미흡할 경우, AI 전환이 가져다줄 편익이 국민 전체에게 고르게 분배되지 못할 가능성이 있다. 한국은 이미 디지털 인프라가 잘 갖춰져 있고, 혁신 능력에서도 우수한 평가를 받고 있으나, 인적 자본 활용이나 노동 시장 유연성, 그리고 사회적 보호 장치 측면에서는 보완이 필요하다는 지적이 지속적으로 제기된다(Cazzaniga, et al., 2024). 무엇보다 AI가 의료 · 교육 · 교통 등 다양한 공공 서비스 영역에도 침투하면서, 새로운 제도적 · 윤리적 과제를 어떻게 마련할 것인가가 중요한 정책적 숙제로 떠오르고 있다.

결국 한국이 AI를 통해 지속 가능한 성장을 달성하기 위해서는 산업 생태계 전반에서의 AI 수용성 제고, 반도체를 비롯한 핵심 기술 분야 투자, 그리고 취약 계층을 위한 보호 장치 및 재교육 프로그램 마련이 동시에 이뤄져야 한다. AI 활용에서 중소기업과 스타트업이 동참할 수 있는 생태계를 구축해 격차를 줄이는 전략도 중요하다. 더 나아가 AI 핵심 인재를 확보하고 지식 자본을 축적하는 방안도 시급한 과제로 거론된다(한국은행, 2025). 이는 과거 기술 발전이 대규모 기업에 집중되면서 기업 간 격차를 심화시켰다는 연구 결과와도 일맥상통하는데, 규모가 작거나 신생 단계에 있는 기업일수록 AI를 도입해 실제 성과를 내는 데 어려움이 있을 수 있다는 지적이 꾸준히 제기된다. 따라서 한국은 AI 도입의 긍정적 효과를 극대화하되 부작용을 완화하는 양면 전략을 수립하는 것이 바람직하다.

AI 발전이 가져오는 사회 변화는 긍정적 효과와 함께 여러 도전을 수반한다. 우선 긍정적으로는 생산성과 효율성이 크게 향상되고, 새로운 산업과 일자리의 창출이 기대된다. 예를 들어, 의료 분야에서는 AI를 활용한 진단 시스템이 복잡한 질병을 조기에 발견하고 정확도를 높임으로써 환자들에게 큰 이익을 주고 있다. 공공 서비스 영역에서는 스마트 시티 기술을 통해 교통 흐름을 개선하고 에너지 사용을 최적화하는 등 사회 전체의 편익을 증진시키고 있다.

그러나 이러한 혁신의 그늘도 간과할 수 없다. 빠른 AI 진전은 기존 일자리의 대체와 노동 시장 변화를 야기하여 일시적인 실업이나 직무 전환의 어려움을 초래할 수 있다(한국은행, 2025). 또한 AI 기술 접근성의 격차는 디지털 디바이드 문제를 심화시킬 우려가 있다. 실제 『세계 경제포럼의 미래의 일자리 보고서 2025(Future of Jobs Report)』는 AI 기술의 발전 속도가 놀라울 정도로 빠르며, 그로 인한 혜택이 모든 사람에게 골고루 돌아가지 못할 경우 선진국과 개발도상국 간의 기술 격차, 기업 규모에 따른 AI 활용 능력 차이로 인해 사회 불평등으로 이어질 가능성이 있다고 지적한 바 있다. 따라서 AI의 사회적 혜택을 모두가 누리도록 하기 위한 포용적 정책이 중요하다.

## 참고문헌

이중학 외(2025). 인공지능과 인지적 다양성: 인사 및 조직관리 시사점 모색. ≪인사조직연구≫, 33, 1-22쪽.

한국은행(2025). BOK 이슈노트: AI와 한국경제.

Brynjolfsson, E. & McAfee, A.(2017). The business of artificial intelligence. *Harvard business review*, https://hbr.org/2017/07/the-business-of-artificial-intelligence

Demirci, O., et al.(2024). Who is AI replacing? The impact of generative AI on online freelancing platforms. *SSRN Electronic journal*, https://doi.org/10.2139/ssrn.4991774

Georgieva, K.(2024.01.14). AI will transform the global economy. Let's make sure it benefits humanity. IMF Blog, https://www.imf.org/en/Blogs/Articles/2024/01/14/ai-will-transform-the-global-economy-lets-make-sure-it-benefits-humanity

McKinsey Digital(2025). Superagency in the workplace: empowering people to unlock AI's full potential at work. https://www.mckinsey.com/capabilities/mckinsey-digital/our-insights/superagency-in-the-workplace-empowering-people-to-unlock-ais-full-potential-at-work?felosearch_translate=1

Rattner, N. & Dean, J.(2025.02.07). Tech giants double down on their massive AI spending. *The wall street journal,* https://www.wsj.com/tech/ai/tech-giants-double-down-on-their-massive-ai-spending-b3040b33

UNESCO(2021). Ethics of artificial intelligence. https://www.unesco.org/en/artificial-intelligence/recommendation-ethics

World Economic Forum(2025). Future of jobs report 2025: insight report.

World Population Prospects(2024). United Nations, department of economic and social affairs, population division.

## 02
# 식별형 AI의 작동 원리

식별형 AI는 주어진 데이터를 보고, 그것이 어떤 종류에 속하는지 또는 어떤 결과를 가져와야 하는지를 판단하는 인공지능을 말한다. 예를 들어, 사진이나 소리를 보고 어떤 대상이나 상황을 인식하는 시스템이 식별형 AI에 해당한다. 이 장에서는 미리 정해진 답을 알려주는 지도 학습 기반의 식별형 AI 구조와 그 특징을 살펴보고, 이러한 기술이 우리의 일상생활에서 어떻게 사용되고 있는지를 구체적인 예시를 통해 쉽게 이해할 수 있도록 설명한다.

AI와 MBTI?

## 데이터 분류와 예측의 핵심, 식별형 AI

식별형 AI의 작동 원리를 이해하기 위해서는 먼저 식별형 AI가 무엇을 목표로 하는지, 그리고 어떤 방식으로 학습하는지를 살펴봐야 한다. 식별형 AI란 주어진 데이터를 분류하거나 예측하여 적절한 정답을 찾아내는 인공지능을 말한다(LeCun, et al., 2015). 예를 들어, 이미지를 보고 거기에 담긴 사물이 고양이인지 개인지 맞히거나, 특정 음성 파일이 사람의 목소리인지 잡음인지 식별하는 것처럼, 사람이 보고 듣고 구분하는 과정을 모방한다. 예전에는 이런 일을 사람만이 제대로 할 수 있다고 여겼지만, 이제는 빅데이터와 딥러닝의 등장으로 컴퓨터가 사람 수준의 정밀도로 식별 작업을 해낼 수 있게 되었다(Karteling, et al., 2021).

식별형 AI를 조금 더 깊이 이해하려면 먼저 지도 학습(Supervised Learning) 방식을 알면 도움이 된다. 지도 학습이란 입력 데이터와 그에 대응하는 정답(레이블)이 다량으로 주어졌을 때, 이를 반복적으로 학습하여 패턴을 익히고 나중에 새로운 입력이 들어왔을 때도 해당 패턴을 찾아낼 수 있도록 하는 방법이다. 이는 마치 아이에게 "이 사진은 강아지야, 저 사진은 고양이야"라고 일일이 가르쳐 주는 것과 매우 흡사하다. 아이가 여러 동물 사진을 보며 사물의 특징을 익히듯이, 식별형 AI 모델도 이미지를 반복적으로 학습하면서 어떤 픽셀 배치가 강아지이고 어떤 모양이 고양이에 가까운지 점차 스스로 파악한다. 딥러닝은 인공 신경망을 여러 층으로 깊게 쌓아 데이터의 특징을 추출하는 구조인데, 예전에는 사람 손으로 일일이 특징을 찾아줘야 했던 것을 이제 컴퓨터가 알아서 학습해 낼 수 있다는 점에서 큰 혁신을 일으켰다(Krizhevsky, et al., 2012).

식별형 AI가 폭발적으로 발전하게 된 배경으로는 컴퓨팅 파워의 증가와 방대한 데이터 세트(dataset)의 축적을 꼽을 수 있다. 1980년대만 해도 인공 신경망의 아이디어가 존재했지만, 컴퓨터 연산 속도가 느리고 데이터가 부족해 충분히 성능을 끌어내지 못했다. 그러나 2010년대에 접어들면서 그래픽처리장치(GPU)나 대규모 병렬처리 기술이 발달했고, 인터넷 보급을 통해 이미지 · 음성 데이터가 기하급수적으로 쌓이자 식별형 AI가 다시금 각광을 받게 되었다(Krizhevsky, et al., 2012). 이미지넷(ImageNet) 대회에서 드러난 알렉스넷(AlexNet)의 성공은 바로 이러한 시대적 배경 속에서 탄생한 대표 사례이다. 알렉스넷(AlexNet)은 단순한 신경망이 아니라, 여러 층으로 이루어진 깊은 신경망(Deep Neural Network)을 사용하여 이미지 인식 기술을 획기적으로 발전시켰다. 이 신경망은 사람의 뇌가 사물을 구별하는 방식과 비슷하게 이미지를 여러 단계로 분석하며, 덕분에 컴퓨터가 사진 속 사물을 훨씬 더 정확하게 구분할 수 있게 되었다.

그 결과, 이전보다 오류율이 크게 줄어들었고, 컴퓨터가 사람처럼 이미지를 보고 인식할 수 있다는 것을 처음으로 증명한 역사적인 사건이 되었다. 이는 이후 AI 기술이 발전하는 데 중요한 기반이 되었으며, 오늘날 스마트폰 얼굴 인식, 자율 주행 자동차, 의료 영상 분석 등 다양한 분야에서 활용되는 기술로 이어졌다.

식별형 AI의 구조를 좀 더 자세히 들여다보면, 대체로 입력층(Input Layer), 여러 은닉층(Hidden Layers), 그리고 출력층(Output Layer)으로 구성된다. 예컨대 숫자 손 글씨 이미지 분류 모델을 떠올려 보면, 입력층에는 0부터 9까지 다양하게 쓰인 손 글씨 이미지가 들어간다. 은닉층은 이 이미지를 여러 계층으로 나누어 선이나 곡선 등 세부 패턴을 점차 추출한다. 마지막 출력층에서는 '이 손 글씨는 0일 확률이 60%, 3일 확률이 30%'처럼 확률 형태의 결과값을 내놓는다. 이렇게 나온 예측 중 가장 확률이 높은 숫자를 정답으로 삼으면서, 모형이 실제 정답과 맞았는지 틀렸는지를 가지고 반복 학습한다. 학습하면서 파라미터를 업데이트하고 오차를 줄여 가다 보면, 점차 견고한 식별 능력이 형성된다.

여기서 중요한 개념으로 오검출(false positive)과 미검출(false negative)이 있다. 오검출이란 실제로는 해당되지 않는 사물을 있다고 잘못 식별하는 경우로, 스팸 메일이 아닌데도 스팸이라고 분류해 버리는 상황에 해당한다. 미검출은 실제로는 존재하는 것을 놓쳐 버리는 것으로, 스팸 메일을 정상 메일로 처리해 버리는 상황을 예로 들 수 있다. 식별형 AI를 개발할 때는 이 두 가지 오류를 모두 낮춰야 하며, 때로는 어떤 오류를 더 중시할지 전략적으로 선택해야 한다. 예를 들어 의료 진단 AI라면, 암 환자를 놓치는 미검출이 훨씬 치명적일 수 있기 때문에 오검출을 다소 감수해서라도 암을 의심하는 방향으로 신중히 판별하게 만드는 편이 낫다고 판단할 수 있다(Min, et al., 2021; Yu, et al., 2023). 이런 식으로 식별형 AI가 실제 현장에 쓰일 때는 목적과 위험 요소를 함께 고려해야 한다.

## 식별형 AI 사례

식별형 AI가 다양한 분야에 적용되면서 우리의 삶에도 많은 변화를 가져왔다. 가장 친숙하게 접할 수 있는 예시로 스마트폰 얼굴 인식이 있다. 스마트폰 카메라가 사용자의 얼굴을 순간적으로 스캔해 미리 저장된 얼굴 특징과 대조한 뒤, 일치한다고 판단하면 잠금이 해제되는 식이다. 이런 기술은 사람의 얼굴 특징을 수치화하여 비교하기 때문에, 조명이나 각도, 화장 상태에 따라 인식률이 달라질 수 있다는 한계가 있다. 그래서 연구자들은 조명 조건이 다른 사진을 포함해 데이터 세트를 다양화하거나, 여러 방향에서 찍은 얼굴 이미지를 사용해 딥러닝 모델을 보완하고 있다. 최근에는 적외선 센서까지 결합해 빛이 거의 없는 환경이나 안면 마스크를 착용한 상태에서도 인식이 가능하도록 발전하고 있다(조준성, 2024).

스팸 메일 분류 역시 식별형 AI의 대표적인 활용 사례이다. 우리가 매일 쓰는 이메일 서비스에는 수많은 메일이 오가는데, 그중에는 광고나 피싱 링크처럼 원치 않는 메일이 상당수 섞여 있다. 식별형 AI는 과거에 스팸으로 분류된 이메일들의 제목, 본문, 발신자 정보를 종합적으로 학습해 "이런 단어 조합과 발신 패턴이면 스팸일 가능성이 높다"고 판단한다. 이런 방식으로 많은 사용자가 스팸 메일로 표시하면 해당 패턴을 모델이 더 빠르게 학습하기 때문에, 시간이 갈수록 스팸 차단 효율이 높아진다. 물론 정상 메일을 스팸으로 잘못 차단하거나, 정작 중요한 스팸을 놓치는 경우도 완전히 없진 않다. 하지만 사용자 피드백을 통해 모델 성능을 계속 향상할 수 있기 때문에, 대형 이메일 서비스의 필터 정확도는 이미 사람 눈으로 일일이 확인하는 것 이상으로 뛰어나다고 알려져 있다.

자율 주행 자동차 기술은 식별형 AI가 얼마나 복합적 환경에서도 작동할 수 있는지 보여 주는 극적인 예다. 차선 인식, 교통표지판 판독, 보행자 감지 등 다양한 인식 작업을 실시간으로 수행하면서, 자동차가 어느 방향으로 주행하고 멈춰야 할지 판단한다. 예컨대 학습되지 않은 형태의 보행자 움직임이나 날씨 변화가 발생해도 모델이 제때 반응해야 안전을 보장할 수 있다(Bojarski, et al., 2016). 그래서 자율 주행차 연구자들은 가능한 한 다양한 주행 환경을 시뮬레이션하고, 비 오는 날, 눈 오는 날, 밤이나 새벽 같은 조건을 다뤄 보며 알고리즘을 끊임없이 개선한다. 이때 센서퓨전 기술(서로 다른 센서에서 얻은 정보를 종합하는 방법)과 딥러닝 모델을 결합해, 한 센서가 놓친 정보를 다른 센서가 보완하도록 설계한다. 아직 모든 상황에서 완벽하지 않지만, 식별형 AI가 고도화될수록 자율 주행도 더욱 안전해질 것이라는 기대가 크다.

## 식별형 AI 활용의 유의점

식별형 AI에는 이처럼 눈부신 성과와 편리함이 많지만, 동시에 몇 가지 유의해야 할 점이 존재한다. 첫째, 학습 데이터가 편향되어 있으면 왜곡된 결과가 나올 수 있다는 점이다. 예컨대 어떤 인종의 얼굴 사진이 지나치게 많거나 적으면 얼굴 인식 모델이 특정 인종에 대해 잘못된 판단을 내릴 위험이 커진다(Buolamwini & Gebru, 2018). 둘째, 학습되지 않은 이질적인 입력에는 모델이 적절히 대응하지 못할 수 있다. 예를 들어 전혀 경험해 보지 못한 물체나 새로운 환경을 만나면 판단력이 크게 떨어진다. 셋째, 식별 정확도를 끌어올리려면 방대한 데이터와 높은 연산 능력이 필요한데, 이는 데이터 개인 정보 보호나 에너지 소비 문제와도 직결된다(Strubell, et al., 2019). 그래서 최근에는 연산량을 줄이면서도 식별 성능을 유지하는 경량 모델 연구나, 개인 정보가 포함된 이미지를 익명화하는 기법 등에 관한 연구가 활발히 진행되고 있다.

이처럼 지도 학습 기반의 식별형 AI는 이미지 분류, 음성 인식, 의료 진단, 스팸 필터링 같은 실생활 곳곳에 쓰이면서 큰 변화를 만들어 내고 있다. 딥러닝으로 인해 컴퓨터가 스스로 특징을 찾아내는 능력을 갖추게 되었고, 그 결과 사람처럼 사물을 보고 듣고 이해하는 단계에 한층 가까워졌다. 물론 아직은 조명이나 환경 변화 같은 변수가 있을 때 오검출이나 미검출이 발생하고, 데이터 편향 때문에 특정 상황에서 성능이 떨어지기도 한다. 하지만 끊임없는 연구와 개선을 통해 식별형 AI는 점점 더 정교하고 안전한 방향으로 진화하고 있다. 앞으로는 의료 영상에서 질병을 진단하거나 교통 시스템에서 사고를 예방하는 등, 인류의 삶을 개선하는 데 식별형 AI가 핵심적 역할을 하리라는 전망이 많다(이중학 외, 2025). 정확하고 투명한 알고리즘 설계, 그리고 윤리적 고려와 편향 제거 노력이 뒷받침된다면, 식별형 AI는 인류에게 훨씬 풍요로운 미래를 선사할 수 있다고 많은 전문가들은 내다보고 있다. 결과적으로 식별형 AI는 우리 앞에 펼쳐진 가능성과 책임을 동시에 보여 주는 중요한 기술이며, 앞으로도 계속 진화하면서 일상에 깊숙이 녹아들 것으로 기대된다.

### 참고문헌

조준성(2024.4.17). "학습하지 않은 낯선 환경에도 척척" GIST, 세계 최고 수준 '실시간 환경 적응 AI'. 뉴스워커. https://www.newsworker.co.kr/news/articleView.html?idxno=327822

Bojarski, M., et al.(2016). End to end learning for self-driving cars. arXiv preprint. arXiv:1604.07316. https://arxiv.org/abs/1604.07316

Buolamwini, J. & Gebru, T.(2018). Gender shades: Intersectional accuracy disparities in commercial gender classification. *Proceedings of the 1st conference on fairness, accountability and transparency,* 81, 77 – 91.

Korteling, J. E., et al.(2021). Human–versus artificial intelligence. *Frontiers in artificial intelligence,* 4, Article 622364, https://doi.org/10.3389/frai.2021.622364

Krizhevsky, A., et al.(2012). ImageNet classification with deep convolutional neural networks. *Advances in neural information processing systems,* 25, pp.1097–1105.

LeCun, Y., et al.(2015). Deep learning. *Nature,* 521(7553), pp.436–444.

Min, Z., et al.(2021). Controlling false positive/negative rates for deep-learning-based prostate cancer detection on multiparametric MR images. arXiv preprint. arXiv:2106.02385, https://arxiv.org/abs/2106.02385

Strubell, E., et ai.(2019). Energy and policy considerations for deep learning in NLP. arXiv preprint arXiv:1906.02243, https://arxiv.org/abs/1906.02243

Yu, H., et al.(2023). Mining negative temporal contexts for false positive suppression in real-time ultrasound lesion detection. arXiv preprint arXiv:2305.18060, https://arxiv.org/abs/2305.18060

## 03
## 생성형 AI의 작동 원리

최근 AI 분야에서 가장 주목받는 흐름 중 하나는 생성형 AI의 부상이다. 생성형 AI는 새로운 콘텐츠를 스스로 창작하거나 생성해 내는 능력을 가진 인공지능을 말한다. 이미지, 글, 음악, 영상 등 다양한 매체의 콘텐츠를 만들어 내는 AI 기술들이 발전하면서, 인간의 창의적 영역에까지 AI가 깊숙이 관여하게 되었다. 이 장에서는 생성형 AI가 어떤 기계 학습 원리에 기반하여 작동하는지 살펴보고, 이러한 AI가 만들어 낸 혁신과 사회적 파급력에 대해 논의한다.

AI와 난임 극복?

## 우리에게 충격을 준 AI, 생성형 AI

비지도 학습과 강화 학습은 생성형 AI를 이해하는 핵심 개념이다. 먼저 비지도 학습(unsupervised learning)은 명시적인 정답 레이블 없이 데이터에서 스스로 구조를 찾는 방식인데, 예를 들어 수많은 이미지 묶음을 입력하면 모델이 "비슷한 모양끼리 묶는다"든지 "색상 분포가 유사한 것들을 군집화한다"는 식으로 특징을 파악한다(Radford, et al., 2016). 이 과정에서 모델은 사람에게 "이것은 고양이야, 저것은 개야"라고 알려주지 않아도 이미지들을 특정 기준으로 나누거나, 새로운 데이터를 생성하는 법을 익힌다. 생성형 AI는 이렇게 비지도 학습으로 데이터를 포괄적으로 이해한 뒤, 이를 토대로 새로운 예시를 그럴듯하게 만드는 데 활용한다. 마치 어린아이가 직접 설명을 듣지 않고도 주변 사물을 보며 "이런 모양이나 색깔은 서로 비슷하구나"라고 스스로 깨닫는 것에 가까운 학습인 셈이다. 강화 학습(reinforcement learning)은 시뮬레이션이나 게임과 같은 환경에서 시행착오를 통해 최적의 행동 전략을 학습하는 기법이다. 생성형 AI에서 강화 학습이 주목받는 이유는 모델이 생성한 결과물을 사용자의 선호에 맞게 미세 조정할 수 있기 때문이다. 예를 들어, 사용자가 특정한 답변을 더 바람직하다고 평가하면, 모델은 그 방향으로 보상을 받아 유사한 질문에 대해 일관된 답변을 제공하게 된다.

최근 연구에서는 강화 학습을 통해 모델의 추론 능력을 향상시키는 방법이 제시되었다. 특히, 딥시크-R1과 같은 모델은 대규모 강화학습을 통해 추론 능력을 극대화하였으며, 이를 통해 복잡한 문제 해결에 뛰어난 성능을 보였다(Guo, et al., 2025). 이러한 접근은 모델이 생성한 출력물을 사용자의 피드백을 기반으로 지속적으로 개선하는 데 활용된다.

사람의 선호를 반영하는 과정은 특히 대화형 AI(예를 들면 챗GPT 등)에서 두드러지는데, 여기서 사용되는 기술이 바로 인간 피드백 강화 학습(RLHF: Reinforcement Learning from Human Feedback)이다. RLHF는 초기에 방대한 텍스트를 비지도 학습으로 학습한 뒤, 사람이 "이 답변은 좀 무례해", "이 답변은 사실과 달라"처럼 피드백을 주면 그 정보를 토대로 모델이 가중치를 재조정한다. 이렇게 하면 모델이 단순히 문장을 이어나가는 것에 그치지 않고, 사람이 만족할 만한 정정이나 추가 설명을 스스로 찾도록 유도할 수 있다. 최근 챗GPT가 보편적 인기를 얻은 배경에도 이 RLHF 방식이 큰 역할을 했다는 평가가 많다.

대규모 언어 모델(LLM)은 생성형 AI를 대표하는 예로 꼽힌다. OpenAI의 GPT 시리즈, 구글(Google)의 제미니(Gemini), 메타(Meta)의 LLaMA 등 다양한 LLM들은 인터넷에서 수집된 방대한 텍스트 자료를 토대로 학습한다. 이때 비지도 학습으로 "이 단어 다음엔 어떤 단어가 나올 가능성이 높다" 같은 확률적 패턴을 익히는데, 예컨대 '오늘 날씨는 매우'라고 하면 뒤이어 '맑다'가 나올 확률과 '춥다'가 나올 확률을 계산해서 가장 자연스러운 답을 선택한다. 이런 과정을 거듭 발전시키면, 문장을 이어 붙이는 수준에서 벗어나, '날씨가 맑다고 가정할 때 왜 맑은지 근거까지 설명하는' 등 사람이 보기엔 꽤나 그럴듯한 텍스트를 생성하게 된다.

이처럼 생성형 AI가 만들어 내는 결과물은 텍스트, 이미지, 음악, 영상 등으로 매우 다양하다. 텍스트 생성은 뉴스 기사 작성이나 소설 구상, 프로그래밍 코드 보완 등으로 활용도가 높아지고 있다. 일부 언론사는 간단한 스포츠 경기 결과나 증권 시황을 AI가 자동으로 기사화하기 시작했고, 소설가들은 AI에게 에피소드 아이디어를 떠올리게 한 뒤 거기서 재미있는 요소를 골라 집필하기도 한다(Briot, et al., 2020). 이미지 생성의 경우, '하늘을 나는 고양이'나 '우주에서 오페라를 즐기는 사람'처럼 기상천외한 발상을 문자열로 입력하면, 생성적 적대 신경망(GAN)이나 확산 모델(diffusion model)이 그 장면을 그림으로 구현한다(Ho, et al., 2020). 확산 모델은 초기 노이즈 상태에서 점차 노이즈를 제거해가면서 이미지를 재구성하는데, 안정된 예술적 결과물을 만들어 내는 데 탁월하다는 평가를 받는다. 음악 생성도 최근 많이 연구되고 있어서, 특정 작곡가의 스타일을 분석한 뒤 유사한 무드의 곡을 만들어 내거나, 사용자가 원하는 장르와 리듬을 제시하면 즉석에서 짧은 음악 샘플을 생성하는 기술이 등장하고 있다(Agostinelli, et al., 2023).

일부 예술가들은 AI를 창작 보조 도구로 활용하면서 영감을 얻거나, 초안을 빠르게 작성한 뒤 마지막에 인간이 세부 수정하는 방식을 택한다. 예를 들어 그림을 잘 그리는 사람이라도, 배경이나 작은 디테일을 일일이 채우는 건 번거로울 수 있는데, AI 모델에게 '산속 마을의 안개 낀 풍경'을 그려 달라고 하면 초안을 빠르게 얻은 뒤 그 위에 세부 표현을 덧붙이는 식이다. 광고 카피를 생산하는 AI도 활발히 활용되어, 특정 사용자 취향이나 시장 상황에 맞춰 제품 홍보 문구를 작성하는 데 쓰인다. 가트너(Gartner)는 2025년까지 대기업이 고객에게 내보내는 마케팅 메시지의 30%가 AI에 의해 자동 생성될 것이라 예측했는데, 이는 AI가 단순 반복 업무를 대신함으로써 비용을 줄이고 효율성을 높일 수 있다는 기대 때문이다.

## 생성형 AI가 주목받는 이유

생성형 AI가 이렇게 여러 영역에서 환영 받는 이유 중 하나는 언어 장벽을 낮춰 준다는 데 있다. 다국어 자동 번역과 음성 합성 기술이 발달하여, 한 언어로만 작성된 콘텐츠를 빠르게 다른 언어로 번역하고, 심지어는 목소리를 여러 언어로 합성해 주는 식이다. 유튜브 영상에 AI 기반 자막을 자동 생성하면, 영어를 모르는 사람도 실시간으로 내용을 이해할 수 있고, 반대로 다른 나라 창작자의 작품을 영어 등으로 동시에 시청하는 것도 가능해진다. 이는 문화 교류와 정보 접근성을 높이는 이점이 있다. 교육 분야에서도, 학생이 수학 문제를 풀다가 모르는 단계가 나오면 AI 튜터가 힌트를 주거나 다른 방식으로 설명을 제공할 수 있다. 어떤 교사들은 글쓰기 과제에서 챗GPT 같은 도구를 활용해 학생이 초안을 AI로부터 받아 한글 문장 흐름을 살펴본 뒤, 그 문장을 학생 스스로 다시 다듬도록 유도하기도 한다.

그러나 생성형 AI가 거대한 가능성을 안고 있는 만큼,

우려도 적지 않다. 가장 자주 언급되는 문제로 가짜 뉴스나 딥페이크(deepfake) 영상이 있다. AI가 사람처럼 말이 되는 문장이나 사실 같은 이미지를 너무나도 손쉽게 만들어 내기 때문에, 허위 정보나 편향적 주장이 확산될 위험이 커진다. 예전에는 전문 그래픽 기술자만 할 수 있었던 합성 영상이 이제는 일반인도 AI 모델을 통해 가능해지면서, 정치적 의도를 가진 사람이나 범죄 조직이 이를 악용할 수 있다는 경고가 나오고 있다. 또 AI가 만든 그림과 인간 화가의 창작물을 어디까지 구분해야 하는지, AI가 학습한 데이터에 작가의 스타일이 무단으로 섞여 있다면 저작권 침해가 아닌지 등에 대한 법적·윤리적 논의도 활발하다. 일부 예술가는 AI가 내 작품 수천 장을 무단으로 학습해 비슷한 그림을 찍어 내고 있다며 반발하고, 또 다른 사람들은 AI가 예술을 대중화하고 창작 문턱을 낮춘다고 옹호한다.

## 생성형 AI의 발전 방향 논의

이러한 긍정과 부정이 섞인 상황에서, 생성형 AI가 앞으로 어떻게 발전해야 할지에는 여러 의견이 있다. 우선 기술적 측면에서는 모델의 사실성 검증과 'AI가 생성했다'는 표식 도입이 논의된다. 예를 들어 생성형 AI가 만들어 낸 텍스트나 이미지는 그 출처를 명시하고, 허위 정보로 사용될 여지를 막는 장치가 필요하다는 주장이다. 그리고 AI 개발자들은 지속적으로 모델이 위험 발언이나 공격적 콘텐츠를 생성하지 않도록 필터링하는 알고리즘을 업그레이드하고, 학습 데이터에서 편향된 정보를 걸러내기 위해 노력하고 있다. 한편 윤리적 · 사회적 측면에서는 인간의 창의성을 돕는 AI를 목표로, 최종 결과물에 대한 책임은 사람이 지되, 반복적이거나 소모적인 작업을 AI에게 맡기는 협업 형태가 바람직하다는 의견도 있다.

결국 생성형 AI는 비지도 학습과 강화 학습을 결합해, 방대한 데이터를 이해하고 인간이 원하는 방향으로 결과를 내놓는 새로운 패러다임을 만들었다. 텍스트나 이미지를 넘어, 영상, 음악 등 예술적 영역까지 손을 뻗으면서 사용자들이 상상하는 다양한 아이디어를 즉각적으로 구체화하는 능력을 보여 준다. 앞으로의 생성형 AI는 더 자연스러운 소통 능력, 더 방대한 학습 데이터, 더 섬세한 윤리 · 법적 통제 장치를 갖추게 될 것으로 전망된다. 그러나 동시에, 거짓 정보나 저작권 분쟁, 인간 고유의 창의성 약화 가능성 같은 복잡한 문제들도 풀어야 한다. 이 장에서 살펴본 것처럼 생성형 AI는 비지도 학습과 강화 학습이라는 기법을 통해 인간의 상상력을 증폭시키지만, 그 과정에서 생기는 책임은 우리 모두가 함께 짊어져야 할 과제이기도 하다. 결국 기술의 방향은 개발자와 이용자가 어떻게 협력하고 제도적으로 뒷받침하는지에 달려 있다고 할 수 있다.

### 참고문헌


서유경(2024.1.10). 생성형 AI 시대 진실게임 '출처 표시'. IT조선, https://it.chosun.com/news/articleView.html?idxno=2023092107951&felosearch_translate=1

Agostinelli, A., et al.(2023). MusicLM: Generating music from text. arXiv preprint arXiv:2301.11325,

Briot, J., et al.(2020). *Deep learning techniques for music generation*. Springer.

Guo, D., et al.(2025). DeepSeek-R1: Incentivizing reasoning capability in LLMs via reinforcement learning. arXiv preprint. arXiv:2501.12948.

Ho, J., et al.(2020). Denoising diffusion probabilistic models. *Advances in neural information processing systems*, 33, pp.6840-6851.

Radford, A., et al.(2016). Unsupervised representation learning with deep convolutional generative adversarial networks. arXiv preprint. arXiv:1511.06434.

## 04
## 두 가지 목적의 AI가 다양성에 미칠 영향

AI 기술은 사회와 조직 내 다양성(diversity)을 촉진하는 데에도 큰 잠재력을 지니고 있다. 맞춤형 추천 시스템이나 다국어 지원 같은 AI 응용은 개인별 차이와 문화적 다양성을 존중하면서 모두에게 더 나은 서비스를 제공할 수 있다. 이 장에서는 앞서 살펴본 식별형 AI와 생성형 AI가 가져올 수 있는 긍정적 영향에 초점을 맞추어, AI가 어떻게 정보의 다양성, 문화의 다양성, 조직의 포용성 등을 증진하는지 구체적 사례를 통해 살펴본다.

AI와 사주?

## AI가 다양성에 미치는 영향

AI가 우리 사회에 미치는 영향은 소비하고 소통하고 교육하고 일하는 방식 등 다양한 장면에서 일어난다. 그런데 AI와 함께 이러한 방식을 바꿔나가는 장면에서 우리에게 필연적으로 영향을 미치는 영역이 바로 개인이 갖고 있는 가치관, 더 나아가서는 그러한 결과로 생겨날 사회 및 조직의 문화라고 할 수 있다. 다양성(Diversity)을 정의하는 다양한 학자가 있지만 다양성을 바라봄에 있어 식별 가능한지 여부에 따라서 인종, 연령, 성별 등을 식별 가능한 다양성(visible diversity)이라고 하는 반면 가치, 성격, 종교 등은 식별이 어려운 다양성(in-visible diversity)이라고 분류한다. AI가 우리 삶에 미치는 여러 영향 중 식별이 어려운 다양성, 그 중에서도 인지적 다양성에는 큰 영향을 미칠 수 있다(이중학 외, 2025).

우선, 맞춤형 추천 시스템은 정보 다양성을 확대하는 방향으로 설계될 수 있다. 사람들은 인터넷과 모바일 환경에서 엄청나게 많은 정보를 한꺼번에 접하게 되는데, 이럴 때 정교한 추천 알고리즘이 개인의 취향이나 상황에 맞춰 콘텐츠를 골라주면 정보 과부하를 크게 줄일 수 있다. 동시에, 이 추천 시스템이 자신이 평소 접하지 않은 색다른 콘텐츠나 정보를 섞어 보여 준다면 이용자는 훨씬 폭넓은 선택지를 경험하게 된다. 예를 들어 음악 서비스에서 사용자가 특정 장르만 반복해서 듣고 있다면, AI가 일정 비율로 전혀 다른 장르의 곡을 제안해 주는 방식이 있다. 단순히 인기곡만 밀어 넣는 것이 아니라, 여러 아티스트의 숨은 명곡을 연결해 주는 식이다. 이렇게 하면 사용자는 내가 몰랐던 음악 세계가 이렇게 많았나 하는 새로운 흥미를 발견하기도 한다. 실제로 크리스 앤더슨(Chris Anderson)은 『롱테일 경제학(The Long Tail)』에서 인터넷 시대에는 소수의 히트작만 주목받던 과거와 달리, 다양하고 소규모의 취향을 가진 사람들이 자신에게 맞는 콘텐츠를 발견해 즐길 수 있다고 주장했다(앤더슨, 2006). 이는 인터넷 플랫폼이 추천 알고리즘을 통해 주류뿐만 아니라 특정한 취향도 쉽게 찾아낼 수 있다는 의미이다.

이런 맥락에서 넷플릭스가 대표적 사례로 꼽힌다. 넷플릭스의 개인화 추천 시스템은 이용자의 시청 이력, 평가, 장르 선호 등을 종합적으로 분석해 사용자가 좋아할 법한 콘텐츠를 끊임없이 제안한다. 이를 통해 할리우드 블록버스터만 보는 사람도 어느 날 독립영화나 다큐멘터리를 권유 받아 시청하는 경우가 생긴다. 결과적으로 다양한 취향과 배경을 지닌 시청자가 자기만의 영역을 계속 확장할 수 있고, 콘텐츠 제작자들도 이전에는 진출하기 어려웠던 시장을 만날 기회를 얻는다. 물론, 추천 시스템이 다양성을 높이는 방향으로만 움직이지는 않는다. 추천 알고리즘이 사용자의 과거 성향만 분석해 비슷한 것만 반복해서 보여 준다면, 이용자는 점점 더 제한적인 콘텐츠만 접하는 결과에 갇힐 수도 있다(카일 차이카, 2024). 그래서 정보/인지 다양성을 늘리려면 알고리즘을 설계할 때 어느 정도는 색다른 것을 섞어 주는 비율이나 의도적으로 다른 관점을 노출하는 장치가 필요하다는 제언이 나온다.

## 정확도와 다양성 사이

정확도와 다양성 사이의 균형이 중요하다는 연구 결과도 있다. AI 개발자들이 정확히 맞춤만 고집하면 점차 추천 품목이 좁아질 수 있고, 반대로 무작정 다양성만 강조하면 사용자가 흥미를 잃을 위험이 있다. 그렇지만 사용자 만족도 측면에서 보면 어느 정도의 탐색 기회를 제공하는 것이 좋다는 실험 보고가 나오는데, 이는 정보의 폭과 깊이를 함께 보장하는 추천 시스템이 훨씬 즐거운 경험을 준다는 의미이다(Ziegler, et al., 2005). 따라서 식별형 AI 기술을 활용한 추천 엔진이 어떻게 설계되느냐가 사회적 포용성과 개인의 발견 욕구에도 큰 영향을 준다. 온라인 뉴스 앱에서도 마찬가지로, 정치적으로 특정 성향만 반복 노출하기보다는 다양한 시각의 기사를 일정 부분 보여 주면 이용자가 좀 더 균형감 있게 정보를 접할 가능성이 높아진다(이중학 외, 2025).

맞춤형 추천이 정보/인지 다양성을 촉진한다면, 다국어 지원과 실시간 번역은 문화적 다양성을 보호하고 확장하는 데 기여한다. 언어 장벽은 서로 다른 문화권이 교류하는 데 있어 가장 큰 걸림돌 중 하나인데, AI가 제공하는 자동 번역 기술이 이를 빠르게 허물고 있다(Wu, et al., 2016). 특히 2022년에 발표된 메타(Meta) AI의 NLLB-200(No Language Left Behind 프로젝트) 모델은 기존에 번역 품질이 낮았던 아프리카 · 아시아 일부 저자원 언어까지도 지원하여 평균 44% 이상의 품질 향상을 보였다고 한다(Meta, 2022). 이는 수십억 명의 사람들이 자국어로 된 디지털 콘텐츠를 거의 실시간에 가깝게 접할 수 있다는 뜻인데, 사실상 전 지구적 소통 체계가 확장되는 사건이라 할 만하다. 예컨대 인도 어느 지역 언어로 작성된 글을 영어권 독자가 단 몇 초 만에 읽고 이해한다면, 문화 간 거리감이 크게 줄어들 것이다.

이런 AI 번역 기술은 다국적 기업이나 국제기구가 회의를 할 때도 활용된다. 한 사람이 영어로 발언하면, 다른 언어를 쓰는 직원은 자기 모국어 자막을 화면에 띄울 수 있다. 이때 AI 음성 인식과 번역 기술이 동시에 돌아가므로, 언어 장벽 때문에 아이디어를 내지 못했던 상황이 훨씬 완화된다. 공공 서비스 역시 언어 문제로 어려움을 겪는 관광객이나 이민자를 위해 자동 통번역 서비스를 제공해, 안내문을 실시간 번역해 주거나 관공서 업무를 돕는다. 이는 문화와 언어를 넘나드는 교류를 촉진하여 세계 시민 모두가 정보 접근 기회를 갖도록 만들 수 있다.

기업 인사 관리에서도 AI는 다양한 배경의 인재를 발굴해 주거나, 조직 문화를 개선하는 데 도움이 된다. 전통적으로 채용 담당자가 면접을 보며 감(感)으로 좋은 후보를 선발하는 경우가 많았지만, 의도치 않은 성별·인종 편견이 들어갈 위험이 있었다(이중학 외, 2023). 그러나 공정성을 고려해 설계된 AI 시스템은 지원자의 이력과 역량을 객관적으로 분석하므로, 특정 학벌이나 경력만 우대하는 습관적 편견을 줄여준다(홍운기 외, 2024). 일각에서는 알고리즘도 결국 사람이 만든 것이니 편향을 완전히 없앨 수 없다고 지적하지만, 적어도 AI 알고리즘을 투명하게 감사하고 모니터링하면 기존의 불공정 문제를 어느 정도 줄일 수 있다는 주장이 설득력을 얻고 있다. 조직 내부에서도 직원 만족도 조사에서 AI 텍스트 분석을 적용하면, 어떤 부서나 특정 그룹이 겪는 어려움을 신속하게 찾아낼 수 있다. 특히 다국적 기업이라면, 해외 지사 직원들의 목소리를 본사가 제대로 파악하지 못할 위험이 있는데, 언어 장벽과 문화 차이를 AI가 일부 해소해 준다.

## 포용적 AI

장애인 포용 측면도 눈여겨볼 만하다. 식별형 AI는 시각이나 청각 장애를 가진 직원들이 사무 환경에서 능력을 발휘하도록 지원할 수 있다. 예를 들어 시각장애인용 스크린 리더가 문서 내용을 음성으로 읽어 주고, 컴퓨터 비전 기술이 인쇄물을 카메라로 비추면 AI가 그 내용을 분석해 오디오로 전달하는 식이다. 청각 장애인 직원에게는 회의 음성을 자막으로 실시간 변환하는 솔루션이 제공될 수 있는데, 이러한 기술 덕분에 소통 사각지대가 크게 줄어든다. 실제로 몇몇 글로벌 기업은 이러한 AI 기반 접근성(Accessibility) 도구를 도입한 뒤, 장애인 직원들의 업무 만족도와 성과가 상승했다고 보고하였다(CSM

Tech, 2024). 결과적으로 다양한 능력과 배경을 가진 사람이 함께 일하게 되면, 조직에도 새로운 아이디어와 혁신이 생긴다.

AI가 문화 콘텐츠를 지키고 확산하는 데 기여하는 측면도 흥미롭다. 생성형 AI는 특정 언어와 문화적 스타일을 학습한 뒤, 이를 다른 언어나 문화적 맥락에 맞게 각색해 주는 방식으로 활용될 수 있다. 한국 전래 동화를 번역해 영어권 아이들이 이해하기 쉬운 어휘나 표현으로 다시 쓰게 하면, 단순 직역보다 훨씬 자연스러운 동화책이 만들어진다. 박물관에서는 고대 언어로 된 문서를 해독하거나, 소멸 위기에 놓인 언어 음성을 기록하는 실험을 진행하는데, 이는 앞으로 인류 문화 다양성을 지키는 중요한 역할을 할 수 있다(이중학 외, 2025). AI가 서구 중심 언어만 학습한다면 편향 위험이 있지만, 개발자들이 의도적으로 저자원 언어 데이터를 수집해 모델을 학습시키면 그 편향을 상당 부분 줄일 수 있다는 연구도 있다(Atari, et al., 2023).

마지막으로, 개인화된 사용자 경험을 제공하는 AI 기술이 사회 전반의 다양성 가치 실현을 어떻게 뒷받침하는지도 살펴볼 필요가 있다. 예를 들어 교육 플랫폼에서 AI가 학습자의 수준과 흥미를 분석해 각각 다른 교재와 학습 경로를 제시한다면, 천편일률적인 교육 방식을 탈피할 수 있다. 어떤 학생은 시각 자료를 좋아하고, 어떤 학생은 문제 풀이를 반복해 익히는 것을 선호하는데, AI가 이러한 취향과 능력 차이를 실시간으로 파악해 맞춤형 교육 콘텐츠를 준다. 헬스 케어 분야에서도 환자의 유전 정보나 생활 습관 데이터를 분석해 맞춤형 진료를 안내하면, 획일적인 치료 대신 환자 개개인의 다양성을 존중하는 의료가 가능하다. 이는 같은 질병도 사람마다 발현 양상이 다르기 때문에, AI가 세분화된 데이터를 토대로 개별화 진단을 제안한다는 의미이다.

결국 식별형 AI든 생성형 AI든 인공지능이 올바르게 설계되어 적용된다면 개인적 취향에서부터 문화적 · 조직적 차이까지 다양한 면을 수용하는 사회를 만들 수 있다. 반대로, 그 설계 과정에서 편향과 불공정이 방치된다면, AI는 기존의 불평등을 더 넓은 규모로 복제할 위험이 있다. 따라서 AI가 단순히 효율을 높이는 기술을 넘어, 포용성과 창의성을 촉진하는 방향으로 발전하도록 의도적으로 디자인하는 일이 중요하다. 이를 위해선 개발자와 정책 입안자, 그리고 실제로 기술을 쓰는 사용자 모두가 AI가 가져올 효과가 누구에게 어떤 이득 혹은 손해를 줄 수 있는지를 끊임없이 점검해야 한다. 알고리즘이 투명하게 운영되고, 장애인이나 소수자에 대한 지원이 보장되며, 여러 문화권의 콘텐츠를 존중하는 구조가 마련될 때, AI는 진정으로 다양성을 증진하는 강력한 도구로 자리 잡을 것이다. AI는 현재도 많은 분야에서 긍정적인 변화를 일으키고 있지만, 이런 변화가 더 널리 확산되려면 의식적인 노력이 동반돼야 한다. 결국 인공지능 시대의 다양성은 누가 어떻게 기술을 만들어 쓰느냐에 달려 있으며, 그 결과로 얻는 새로운 기회와 혁신은 우리 모두의 삶을 더욱 풍요롭게 만든다.

### 참고문헌

앤더슨, 크리스(2006). 『롱테일 경제학』. 랜덤하우스코리아.

이중학 외(2023). 일반인공지능 시대의 채용을 위한 연구: 증강지능(Augmented Intelligence)을 중심으로. ≪조직과 인사관리연구≫, 47(2), 1-20쪽.

홍운기 외(2024). 누가, 언제 알고리즘 평가 제도를 공정하다고 인식할까? 알고리즘 기반 평가 제도에 대한 직원의 공정성 인식 연구. ≪기업경영연구≫, 31(5), 51-75쪽.

Atari, M., et al.(2023). Which humans? *Harvard university culture, cognition, coevolution lab working paper.*

CSM Tech(2024.07.07). AI for special needs education: A gateway to inclusivity and empowerment. CSM Tech Blog, https://www.csm.tech/blog-details/ai-for-special-needs-education-a-gateway-to-inclusivity-and-empowerment

Kyle, C.(2024). *Filterworld: how algorithms flattened culture.* Blink Publishing. 김익성 옮김(2024). 『필터월드: 알고리즘이 찍어내는 똑같은 세상』. 미래의창.

Meta AI(2022.7.06). NLLB-200: High-quality machine translation. Meta AI Blog, https://ai.meta.com/blog/nllb-200-high-quality-machine-translation/ko/

Wu, Y., et al.(2016). Google's neural machine translation system: Bridging the gap between human and machine translation. arXiv preprint. arXiv:1609.08144, https://doi.org/10.48550/arXiv.1609.08144

Ziegler, C. N., et al.(2005). Improving recommendation lists through topic diversification. *In proceedings of the 14th international conference on world wide web,* pp.22-32. https://doi.org/10.1145/1060745.1060754

## 05
## 식별형 AI의 부정적 영향

AI가 다양성에 기여할 수 있는 긍정적 측면을 살펴보았지만, 한편으로 AI의 오남용이나 한계로 인해 정보와 관점의 다양성이 제약을 받는 부정적 영향도 나타나고 있다. 특히 식별형 AI의 경우, 개인 맞춤 추천이 잘못 설계되면 필터 버블 현상을 일으켜 편향된 정보만 접하게 만들 수 있으며, 학습 데이터의 편향으로 차별적 결과를 초래하기도 한다. 이 장에서는 식별형 AI가 초래할 수 있는 부정적 영향들을 짚어 보고, 이를 완화하기 위한 공정성 확보 방안을 모색한다.

AI와 아이돌?

## 필터 버블과 에코 챔버

식별형 AI가 사용자에게 이로운 정보를 찾아 주는 과정이 지나치게 편향되면, 필터 버블(filter bubble)이나 에코 챔버(echo chamber) 현상이 나타난다. 필터 버블은 추천 알고리즘이 사용자가 좋아할 만한 정보만 계속 노출하기 때문에 결과적으로 다양한 관점이 차단되어 점점 한쪽으로만 치우치는 상황을 의미한다. 에코 챔버는 유사한 생각을 가진 집단끼리만 상호작용해 의견이 더욱 극단화하는 현상이다. 특히 소셜 미디어나 뉴스 플랫폼에서 사용자의 지난 클릭 이력과 좋아요 데이터가 애초 목표가 된 관심사 맞춤 최적화에만 충실하다 보면, 이런 편협성이 장기적으로는 심해질 수 있다. 한 중국 소셜 미디어 플랫폼의 실험 연구가 이를 실증적으로 보여 주었는데, 타임라인 알고리즘 도입 전후 이용자들의 행동을 비교했더니 개인의 관심사 범위가 크게 줄어들었으며, 논쟁적 의견을 접하는 빈도도 급감했다는 결과를 얻고, 이용자들이 더 이상 자신과 다른 목소리를 찾지 않게 되자, 게시물 어조가 덜 부정적으로 바뀌고(즉, 감정적 대립이 사라짐) 동시에 의견 양극화는 약 15% 정도 증가했다고 보고되었다(HEC Paris, 2020). 이는 모순적으로 들릴 수 있지만, 서로 다른 입장을 접할 기회를 잃으면 오히려 생각이 단단히 굳어져 분극이 커진다는 뜻이다.

이러한 문제에 대응하기 위해 몇몇 플랫폼은 알고리즘의 투명성 제고와 다양성 알고리즘 도입을 시도하고 있다. 예를 들어, 사용자가 원한다면 추천 알고리즘을 끄고 시계열 순으로 피드를 볼 수 있게 한다거나, 다양한 관점 보기 같은 기능을 추가하는 것이다. 또한 규제 당국과 시민 단체들도 필터 버블의 위험성을 경고하며 알고리즘 감사(audit)와 설명 요구를 강화하고 있다. 근본적으로는 AI를 개발하는 엔지니어들이 목표 함수에 사용자 참여도나 클릭률뿐 아니라 다양성 지표를 포함시키고, 추천 결과에 랜덤성이나 협업 필터링 외 요소를 가미함으로써 어느 정도 의도적 다양성을 확보하려는 노력이 필요하다. 이런 조치를 통해 필터 버블로 인한 정보 편식 문제를 완화할 수 있을 것이다.

## 데이터 편향과 불공정 문제

식별형 AI가 활용되는 또 다른 부정적 측면은 편향된 데이터로 인한 차별적 · 불공정 결과이다. AI는 과거에 축적된 데이터를 기반으로 패턴을 학습하기 때문에 만약 그 데이터 속에 특정 집단에 대한 차별이나 편견이 들어 있으면 그대로 답습할 위험이 크다(ACLU of Minnesota,

2024). 2018년 MIT의 Gender Shades 프로젝트가 유명한 사례인데, 밝은 피부 남성 얼굴 사진이 지나치게 많고 어두운 피부 여성 사진이 적게 포함된 데이터세트를 학습한 안면 인식 모델이 흑인 여성 얼굴을 인식할 때 34% 이상의 오류율을 기록했다(MIT News Office, 2018). 이 문제는 당장 어떤 개인이 체포될 위험이나 공공 서비스를 제대로 받지 못할 가능성과 직결되므로, 단순한 기술 결함이 아니라 심각한 사회적 불평등으로 이어질 수 있다.

이 같은 데이터 편향은 안면 인식 외에도 구직자 선발, 신용 평가, 의료 진단 등 다양한 분야에서 발견된다. 한 예로 2010년대 중반 아마존(Amazon)이 개발하던 채용 AI 시스템이 여성 지원자를 일괄적으로 낮게 평가해 결국 폐기되었다는 사실이 알려졌는데, 이는 남성 위주 채용 기록을 학습해 버린 탓이다(Dastin, 2018). 당시 시스템은 여성 체스클럽 등 이력서에 '여성'을 시사하는 단어가 들어가면 지원자를 자동으로 감점했다. 기업 측이 의도한 바가 아니었음에도 AI는 학습 데이터의 편향을 그대로 반영해 성차별 결정을 내렸다. 다른 사례로 신용평가 AI가 과거 대출 이력에 내재한 인종적 편견을 학습해 유색인종 차주에게 불리한 점수를 주는 일이 보고되기도 했다(Armstrong, 2023).

기업과 기관은 이런 편향을 막기 위해 알고리즘 공정성(algorithmic fairness)에 주목하고, 여러 기술적 · 제도적 노력을 기울이고 있다. 기술적으로는 데이터 세트를 점검해 소수 집단 샘플을 늘리거나, 편향이 감지되면 결과를 보정(calibration)하는 알고리즘을 사용하는 방법이 있다. 대표적인 오픈소스 툴키트인 IBM의 AI Fairness 360과 마이크로소프트의 Fairlearn은 모델이 특정 집단에서 얼마나 높은 오류율을 보이는지를 정량적으로 측정해 준다(Microsoft Research, 2020; Irving, 2024). 이를 통해 개발자들은 모델이 실제 서비스에 도입되기 전에 편향을 줄이도록 수정할 수 있다. 또한 제도적으로는 차별 금지, 공정성 의무, 투명성 강화가 논의할 수 있게 된다.

## 설명 가능한 AI(XAI)와 공정성 확보

이처럼 식별형 AI의 편향성과 필터 버블 문제가 부각되면서 설명 가능한 AI(Explainable AI)에 대한 관심이 높아졌다. XAI란 AI가 어떤 근거로 결과를 도출했는지를 사람이 이해할 수 있게 설명하는 방법을 말한다. 만약 한 대출 심사 AI가 신청자의 신용 등급을 낮게 매겼다면,

'이유: 과거 연체 기록이 2회, 최근 소득 수준이 기준보다 30% 낮음'처럼 구체적으로 설명하게끔 설계하는 것이다. 이런 방식으로 결과가 투명하게 드러나면, 혹시 인종이나 성별 등 민감한 변수에 근거한 차별이 숨어 있지 않은지 쉽게 점검할 수 있다. 이용자는 결과에 불복할 근거도 확보한다.

현재 XAI 분야에서는 딥러닝 모델의 복잡한 구조를 시각화하거나 결정 경로를 추적하는 연구가 활발히 진행된다. 모델이 특정 픽셀이나 단어에 얼마나 가중치를 뒀는지를 시각적으로 보여 주는 그라디언트 기반 기법, 규칙 근사를 통해 가짜 결정 트리를 생성하는 방법 등이 있다(Bhati, et al., 2024). 이런 노력들이 실제 산업 현장에 적용되면, 'AI가 왜 이런 결론을 냈는지 모르겠다'라는 불투명성이 줄어들 것이다. 물론 모델을 과도하게 설명하려다 성능이 떨어지거나 설명 과정에서 거짓 설명(post-hoc rationalization)이 나타나는 문제도 존재한다. 그럼에도 설명 가능성은 AI 편향을 식별하고 사용자 신뢰를 확보하는 핵심 열쇠로 거론된다.

공정성 확보를 위한 또 다른 실천으로는 알고리즘 감사와 규제가 있다. 뉴욕시는 2023년부터 자동화된 채용 도구가 인종 · 성별 · 연령 등에 따른 합격률 격차가 있는지를 평가하도록 의무화했고 그 결과를 대중에 공개하게 했다(이지윤, 2023). 이는 AI가 내린 결정이라서 어쩔 수 없다는 말을 허용하지 않고, AI 결정도 인간과 마찬가지로 차별 여부를 검증하겠다는 의미이다. 기업들도 자체 윤리위원회를 설치해 알고리즘 도입 시 문제점을 사전에 검사하거나, 사람이 AI 결정에 개입하는 절차(Human-in-the-loop)를 강화하는 추세가 늘고 있다. 예컨대 AI 채용에서 탈락한 지원자 중 일부를 인사 담당자가 재검토하도록 하는 식이다(NYC, 2023). 이렇게 해서 AI가 찾아내지 못한 인재를 놓치지 않도록 하거나, AI가 잘못 걸러 낸 후보를 구제해 주는 것이다.

결국 식별형 AI가 우리의 정보를 분류해 주고 의사 결정을 돕는 역할은 매우 편리하지만 잘못 설계되거나 관리되지 않으면 필터 버블로 인한 정보 편식과 알고리즘 편향으로 인한 불공정이 커질 수 있다. 사회가 이를 방치한다면 AI가 오히려 다양성의 적이 되어 소수자나 특정 집단을 배제하고 의견 양극화를 심화시킬 것이라는 우려가 현실화될 수도 있다. 반대로 기술적 개선(편향 감지 · 수정, 설명 가능성 확보 등)과 정책적 개입(규제 · 감사 · 윤리 가이드라인)이 조화를 이룬다면 식별형 AI는 훨씬 더 공정하고 투명한 도구로 발전할 수 있다. 이는 AI가 단지 데이터를 처리해 주는 기계가 아니라, 인간 사회의 가치와 윤리를 내재한 시스템이라는 점을 확인해 준다. 공정하고 다양한 데이터를 공급하고, 알고리즘 결과를 지속적으로 모니터링하며, 필요하면 사람이 적극 개입함으로써, 식별형 AI를 모두를 위한 공공재로 만들 수 있을 것이다. 이 장에서 다룬 여러 사례들이 보여주듯, AI의 부정적 영향은 알아서 해결되는 일이 아니라, 사람들의 끊임없는 관심과 노력을 통해 줄여 나가야 하는 과제이다.

## 참고문헌


이지윤(2023). 'AI 채용' 차별 논란에… 뉴욕 "성별 · 인종 편향 공개하라" 첫 규제. ≪동아일보≫, https://www.donga.com/news/Inter/article/all/20230707/120119104/1

ACLU of Minnesota(2024). Biased technology: Automated discrimination through facial recognition. https://www.aclu-mn.org/en/news/biased-technology-automated-discrimination-facial-recognition

Armstrong, D.(2024.8.20). AI exhibits racial bias in mortgage underwriting decisions. Lehigh University, https://news.lehigh.edu/ai-exhibits-racial-bias-in-mortgage-underwriting-decisions?felosearch_translate=1

Bhati, D., et al.(2024). A survey on explainable artificial

intelligence (XAI) techniques for visualizing deep learning models in medical imaging. *Journal of imaging*, 10(10), 239. https://doi.org/10.3390/jimaging10100239

Dastin, J.(2018.10.10). Insight: Amazon scraps secret AI recruiting tool that showed bias against women. *Reuters*, https://www.reuters.com/article/world/insight-amazon-scraps-secret-ai-recruiting-tool-that-showed-bias-against-women-idUSKCN1MK0AG

HEC Paris(2023). Filter bubble effect, algorithmic ranking and social media. https://www.hec.edu/en/faculty-research/events/filter-bubble-effect-algorithmic-ranking-social-media

Irving, J.(2024.). Blog post series: AI fairness 360 – mitigating bias in machine learning models. Medium, https://medium.com/@james.irving.phd/blog-post-series-ai-fairness-360-mitigating-bias-in-machine-learning-models-c1ec744c91c4

Microsoft Research(2020). Fairlearn: A toolkit for assessing and improving fairness in AI. https://www.microsoft.com/en-us/research/publication/fairlearn-a-toolkit-for-assessing-and-improving-fairness-in-ai/

MIT News Office(2018.2.12). Study finds gender, skin-type bias in commercial artificial-intelligence systems. *MIT News*, https://news.mit.edu/2018/study-finds-gender-skin-type-bias-artificial-intelligence-systems-0212

New York City Department of Consumer and Worker Protection(2023). Automated employment decision tools (AEDT).

https://www.nyc.gov/site/dca/about/automated-employment-decision-tools.page

06

# 생성형 AI의 부정적 영향

생성형 AI는 우리에게 무궁무진한 창작의 가능성을 열어주지만, 동시에 그 특성 때문에 다양성 훼손의 위험도 내포하고 있다. 특히 AI가 대량의 데이터를 학습하는 과정에서 문화적 편향이 주입되거나, 생성된 콘텐츠가 획일화되면서 인간의 창의성이 위축되는 우려가 제기된다. 또한 데이터 편중으로 특정 언어나 문화권의 산출물이 주류를 이루고, 다른 목소리는 묻히는 현상도 경계해야 한다. 이 장에서는 생성형 AI에 내재한 문화적 편향과 데이터 편중 문제, 그리고 창의성 감소 우려 등을 살펴보고 다양성 훼손의 위험을 진단한다.

AI와 야구?

## 이중성: 혁신과 편향이 동시에 나타남

생성형 AI는 한편으로는 인간이 상상조차 못 했던 혁신적 결과물을 빠르게 만들어 내지만, 다른 한편으로는 문화적 편향(cultural bias)과 집단적 획일화 문제를 동시에 일으킬 수 있다는 특징이 있다. 대규모 언어모델(LLM)이나 이미지 생성 모델은 웹상의 텍스트와 그림 등 기존 인간이 만들어 낸 자료를 학습하여 그 통계적 패턴을 재현하거나 확장한다. 그런데 인터넷 데이터는 역사적으로 영어권, 특히 서구권 담론에 치우친 경우가 많아, 비영어권 문화나 제3세계의 경험을 충분히 반영하지 못한다는 지적이 꾸준히 제기되어 왔다. 한 연구에서는 챗GPT 등 여러 거대 언어모델에게 문화·윤리 문제를 질문했더니, 세계 가치관 조사의 영미권·북유럽 응답자들과 비슷한 답변 경향이 뚜렷하게 관찰되었다고 한다(Atari, 2023). 이런 결과는 모델이 훈련된 인터넷 자료가 영어권과 특정 문화 관점을 대량으로 포함하고 있기 때문이라는 해석이 가능하다. 겉보기에 전 세계 누구와도 대화할 수 있는 다언어 모델이라 해도, 속을 들여다보면 서구적 가치 체계가 우선적으로 반영된 문화적으로 편향된 다언어 모델일 가능성이 큰 것이다(이중학 외, 2025).

이러한 문화적 편향이 위험해지는 순간은 예컨대 역사나 윤리 문제에 대한 답변을 생성할 때다. AI가 특정 지역이나 집단의 관점을 일방적으로 우선시한다면, 그 답변을 곧이곧대로 믿는 이용자들은 왜곡된 인식을 가질 수 있다. 어떤 문화 배경에서 당연한 견해가 다른 문화권에서는 논란이 될 수도 있는데 AI가 이를 충분히 고려하지 못하면 문제가 커진다. 또한, AI가 다른 국가나 민족의 정보를 서술하면서 은근히 자국 혹은 특정 문화 중심의 시각을 담을 때 이용자들 간에 오해나 갈등이 생길 우려가 있다. 사용자 입장에서는 AI가 객관적 진실을 말해 준다고 믿기 쉽기 때문이다. 결국 문화적 편향은 기술적으로 미세한 결함처럼 보일 수 있지만 실제로는 사회적 갈등과 지식 불균형을 심화시키는 요인이 될 수 있다고 기존 연구가 경고하고 있다(Kim & Kim, 2010).

## 데이터 편중: 소수 언어와 문화의 소외

데이터 편중(data skew) 문제도 생성형 AI의 다양성을 훼손하는 주요 원인이다. AI 모델이 대규모로 학습하는 텍스트 · 이미지 · 영상 등은 주로 영어권이나 백인 인물 사진이 많은 데이터일 때가 많다. 따라서 영어가 아닌 언어를 사용할 경우, 혹은 백인이 아닌 인물 사진을 표현해야 할 경우 AI 성능이 눈에 띄게 떨어지거나 엉뚱한 결과를 낼 가능성이 커진다. 심지어 모델이 전혀 모르는 언어에 대해서는 근거 없는 단어를 지어내거나 말이 안 되는 문장을 그럴듯하게 만들어 내는 현상도 관찰된다.

이미지 생성 AI에서도 유사한 일이 벌어진다. 백인 얼굴 중심의 이미지로 학습된 모델은 흑인이나 아시아인의 독특한 얼굴 특징을 제대로 재현하지 못하거나, 복장·피부톤 등을 서구식으로 변형해 버릴 위험이 있다(Chauhan, et al., 2024). 이는 디지털 환경에서 소수 집단이 제대로 표현되지 않게 하며, 결과적으로 정보 약자와 언어 약자를 계속 양산할 수 있다는 우려로 이어진다.

이 문제는 예술이나 문학적 표현에도 영향을 미친다. 영어식 화법이나 서구권 표현 체계가 중심인 번역 AI나 글쓰기 도구를 쓰면 지역 고유의 문학적 운율이나 고유 어휘가 소실될 수 있다. 예컨대 특유의 한자어 표현이나 동양화 기법 같은 지역적 색채가 AI가 생성하는 과정에서 단순화되거나 생략되어 버린다면, 문화적 다양성이 크게 훼손되는 셈이다. 사용자들이 AI 그림 툴에서 '한국 전통 민화 풍 그림'을 요청했을 때 서양식 명암이나 각도로 변형된 결과가 나올 수 있는 것이다. 이렇게 특정 주류 문화가 과도하게 학습된 상황에서는, 소수 문화권의 예술이나 표현 양식이 사라지거나 희미해지면서 글로벌 문화 생태계가 획일화될 위험이 있다.

## 창의성 약화와 집단적 획일화

생성형 AI가 널리 퍼지면서 사람들이 아이디어를 직접 창출하기보다 AI가 만들어 준 초안을 편집하는 식으로 의존하게 될 가능성도 부정적으로 거론된다. 단기적으로는 업무 생산성을 높여 주고 빠른 결과물을 제공해 준다는 장점이 크지만 장기적으로는 인간이 능동적으로 사고하고 독창적 발상을 하는 훈련 기회가 줄어들 수 있다는 것이다(Jia, et al., 2024). 예술계나 광고 분야에서도 AI 아이디어는 편리하지만, 모두가 같은 모델에 의존하면 결국 서로 비슷한 창작물만 쏟아지지 않겠느냐는 우려가 제기된다. 한 실험 연구는 소설 쓰기에서 AI 아이디어를 참고한 그룹이 개별 작품은 높은 완성도를 얻었지만, 작품 전체가 서로 닮아가는 현상이 나타났다고 보고했다(Doshi & Hauser, 2024). 이를 사회적 딜레마에 비유하며 개별 작가 입장에서는 AI 활용이 이익이지만, 모두가 그렇게 하면 집단적 다양성이 감소한다는 함의가 있는 것이다.

또한 생성형 AI가 복잡한 사회 문제나 연구 과제를 논의할 때, 평균적 문장을 익힌 탓에 다소 상투적인 결론을 내놓는 경향이 있다고 볼 수 있다. 예를 들어 정치 · 사회 현안에 대한 보고서를 AI에게 작성하게 하면 AI는 인터넷에서 다량으로 수집한 중립적 발언이나 양비론적 결론을 따라가려 하므로, 깊이 있는 통찰이나 주변부의 대담한 접근이 사라질 수 있다. 이는 일견 좋아 보이는 결과지만 문제 해결에는 큰 도움이 안 되는 단순화된 결과물이 만들어지는 식이다. 결과적으로 다양한 아이디어가 나올 기회를 놓치고, 논의 구조가 획일화될 위험이 커지는 셈이다.

## 저작권 침해와 허위정보 확산

생성형 AI는 학습 단계에서 방대한 기존 창작물을 참고하는데 이 과정에서 저작권이 보호되어야 할 예술 작품이나 글이 무단으로 사용될 가능성이 제기된다. AI가 그러한 작품들을 학습한 뒤 비슷한 스타일로 결과물을 내놓는다면 원작자 권리가 침해되는 것은 아닌지 논란이 일어난다. 예컨대 특정 화가의 독특한 붓 터치를 AI가 재현해 "○○ 화가 스타일"을 무한히 양산한다면, 그 화가는 자신의 고유한 미학적 가치를 빼앗긴다고 느낄 수 있다. 음악에서도 과거 히트곡들의 패턴을 지나치게 참고해 비슷한 멜로디가 범람하면, 신진 작곡가들의 설 자리가 좁아지는 문화적 획일화(cultural homogenization) 현상이 우려된다고 한다(Sadovenko, 2024). 이런 식으로 창작권 분쟁이 커지고 예술계의 다양성이 약화될 가능성을 지적하는 목소리가 높다.

더 나아가 생성형 AI는 허위정보의 대량 생산에도 활용될 수 있다. 사람처럼 말이 되는 가짜 뉴스를 만들거나, 특정인의 목소리와 영상을 합성해 가짜 발언 영상을 퍼뜨리는 사례가 이미 보고되고 있다. 딥페이크 기술과 결합하면 AI가 그럴듯한 영상을 지어내 대중을 혼란에 빠뜨릴 수 있는데, 이는 민주적 토론과 정보 다양성을 심각하게 훼손하는 결과를 낳을 수 있다(Xu, et al., 2023). 한쪽 견해를 인위적으로 증폭해 다른 견해를 묻어 버리면, 결국 여론은 왜곡된 균형 속에 갇히게 된다. 이런 악용은 AI 자체의 편향 문제라기보다 인간이 나쁜 목적으로 AI를 쓰는 사례이지만 생성형 AI의 익명성과 신속성이 문제를 더욱 심각하게 만들 수 있다는 지적이다.

## 데이터 다양성부터 사람의 비판적 자세까지

그렇다면 어떻게 해야 생성형 AI의 다양성 훼손 위험을 줄일 수 있을까? 첫째로 학습 데이터의 다양성을 확보하기 위한 노력이 필수적이다. 메타(Meta)의 NLLB(No Language Left Behind)처럼 저자원 언어 코퍼스 구축에 투자하거나 AI가 단일 문화권 정보에만 치우치지 않도록 여러 국가 연구진이 협력해 데이터를 고루 모으는 식이다. 실제로 문화 편향의 문제를 연구한 팀이 '이 나라의 시각에서 답변하라'는 간단한 프롬프트만 추가해도 AI 편향이 줄었다는 결과를 보고한 적이 있다(Kumari, et al., 2024). 시스템적으로 사용자에게 다양한 관점을 선택할 수 있는 옵션을 제공하면, AI가 서구 기준 답변만 내놓지 않게 제어할 수 있다는 뜻이다.

둘째로, 사용자와 사회가 생성형 AI의 답변을 맹신하지 않는 비판적 태도가 필요하다(이중학 외, 2025). 예를 들어 교육 현장에서 학생들에게 AI가 틀릴 수 있으며 특정 관점을 편향적으로 반영할 수 있다는 점을 가르치고, AI가 제공하는 초안을 무조건 제출하기보다 스스로 생각을 덧붙여 수정하도록 지도하는 방식을 쓸 수 있다(Lee, et al., 2025). 연구자나 예술가도 AI의 제안을 받아들일 때 어디까지가 기존 작품에 대한 변형이고 어디서부터 독창적 발상을 더할지 고민해야 한다.

셋째로, 규제와 윤리 지침 면에서 AI 개발사가 모델 출시 전 다양성 영향 평가를 수행하도록 권장할 수 있다.

여러 문화권 테스터(Tester)가 미리 모델을 사용해 보고 불쾌하거나 편향된 표현이 발견되면 수정·보완하는 프로세스가 필요하다는 것이다. 또한 생성형 AI가 만든 콘텐츠에는 AI 생성임을 표시하도록 의무화하면, 독자들이 조금 더 비판적 시각으로 내용을 확인할 수 있게 된다.

결국 생성형 AI는 인간이 불가능하다고 생각했던 창작을 실현할 강력한 도구인 동시에, 문화적 편향과 데이터 편중, 창의성 약화 등으로 인해 다양한 색깔을 깎아낼 위험을 안고 있다. 서구 중심 데이터 세트에서 기인한 편향은 문화적 불균형을 낳고, 획일화된 콘텐츠 범람은 예술·학술 분야의 신선함을 저해하며 허위정보 확산은 여론의 다양성을 위협한다. 하지만 이 문제는 기술 개발자와 사용자, 사회 전반이 함께 대처한다면 상당 부분 완화할 수 있을 것이다. 먼저 데이터 확보와 편향 검증으로 AI 모델의 다양성 기반을 마련하고 이용자들은 AI가 만들어 낸 결과를 무비판적으로 받아들이지 말아야 한다. 규제나 윤리 지침으로 AI의 문화적 책임을 강화하는 것도 필요하다. 무엇보다 중요한 것은 생성형 AI가 결코 완벽하게 객관적인 진리 생산 장치가 아니라는 사실을 모두가 자각하는 일이다. 기술은 결국 사람이 설계하고 운영하며, 그 안에 우리의 편견과 가치관이 녹아 있다는 점을 언제나 인식해야 한다. 그럴 때 비로소 생성형 AI가 지닌 위험은 줄이고, 우리의 삶을 풍부하게 하는 창의성과 다양성은 제대로 지켜낼 수 있을 것이다.

## 참고문헌


Atari, M., et al.(2023). Which humans? *Culture, cognition, coevolution lab working paper.* Harvard University, https://psyarxiv.com/5b26t

Chauhan, A., et al.(2024.2,7). Identifying race and gender bias in stable diffusion AI image generation. *In proceedings of the international conference on artificial intelligence and computer science,* pp.104–110, IEEE, https://doi.org/10.1109/ICAIC60265.2024.10433840

Doshi, A. R. & Hauser, O. P.(2024). Generative AI enhances individual creativity but reduces the collective diversity of novel content. *Science advances,* 10(28), eadn5290, https://doi.org/10.1126/sciadv.adn5290

Jia, N., et al.(2024). When and how artificial intelligence augments employee creativity. *Academy of management journal,* 67(1), pp.123–145. https://doi.org/10.5465/amj.2022.0426

Kim, S. & Kim, S.(2010). Cultural construction of what?: Stakeholders' cultural bias and its effect on acceptance of a new public information system. *International review of public administration,* 14(3), pp.71–96.

https://doi.org/10.1080/12294659.2010.10805162
Kumari, K., et al.(2024). Dynamic region-aware fine-tuning: Enhancing geographic inclusivity in large language models. *In proceedings of the international conference on computational intelligence and networks,* pp.215-220, IEEE, https://doi.org/10.1109/CICN63059.2024.10847353
Lee, H. et al.(2025). The impact of generative AI on critical thinking: Self-reported reductions in cognitive effort and confidence effects from a survey of knowledge workers. *In proceedings of the CHI conference on human factors in computing systems,* pp.1-23, ACM.
Sadovenko, O.(2024). The AI music generation: The cultural implications of the intersection of transformational technologies with human creativity. *Bulletin of mariupol state university series philosophy culture studies sociology,* 14(28), pp.135-142. https://doi.org/10.34079/2226-2830-2024-14-28-135-142
Xu, D., et al.(2023). Combating misinformation in the era of generative AI models. *In proceedings of the ACM multimedia conference,* pp.567-575, ACM, https://doi.org/10.1145/3581783.3612704

## 07
# AI와 인사 관리

많은 기업들이 채용과 인사 평가 등에 AI를 도입하면서 인사 분야에서도 혁신이 일어나고 있다. 그러나 동시에 알고리즘 편향으로 인한 차별과 공정성 문제가 부각되며, AI 활용 인사 관리의 윤리에 대한 논의가 활발하다. 이 장에서는 채용과 직원 평가 과정에서 나타나는 AI의 편향 사례를 분석하고, 공정한 인사 체계를 구축하기 위한 실천 방안을 모색한다. 목표는 AI를 현명하게 활용하여 다양성과 형평성을 갖춘 인사 관리를 구현하는 것이다.

AI와 윤동주?

## 조직 효율화와 인력 관리 AI의 부상

AI가 인사 관리(Human Resource, HR) 분야에서 관심받게 된 직접적 계기는 채용 프로세스의 효율화 요구였다(이중학, 2024). 많은 기업들이 연간 수백, 수천 통씩 쏟아지는 이력서를 검토하는 데 드는 시간과 비용을 줄이려 시도했고, 이를 위해 AI 기술을 활용한 이력서 자동 분류 및 지원자 적합도 평가 도구가 속속 등장했다. 예를 들어 온라인 코딩 테스트를 통해 개발 직무 역량을 점수화하거나, 지원자의 업무 경력과 자기소개서를 텍스트 마이닝 기법으로 분석해 직무적합성을 수치화하는 방식이 대표적이다. 실제로 일선에서는 단순 서류 전형에 필요한 많은 노력을 절약하고, 채용 담당자 주관 개입을 줄여서 객관성을 높였다는 호평이 나오기도 했다. 하지만 이러한 효율성 이면에서 제기된 부작용 역시 무시할 수 없다.

남초(男超) 기업 문화를 데이터로 학습한 AI가 여성 지원자를 불이익 처리하거나, 피부색 · 인종이 다른 지원자에게 낮은 점수를 주는 편향이 드러나는 사례가 잇따랐다. 아마존(Amazon)이 시도했던 AI 이력서 평가 시스템이 대표적 예인데 이 모델은 과거 10년간의 입사 이력을 학습해 어떤 이력서가 더 뛰어난 인재인지 예측하도록 설계되었지만, 남성 중심의 데이터 때문에 여성 관련 키워드가 들어간 지원서를 자동으로 감점해 논란이 되었다(Dastin, 2018). 한편 미국의 한 대형 병원은 간호사 채용에서 흑인 지원자를 일관되게 낮게 평가하는 AI를 도입했다가 이를 발견하고 즉시 사용을 중단하기도 했다.

AI 채용과정에서 마주친 편향 사례들은 기술이 객관적일 것이라는 통념을 깨뜨렸다(홍운기 외, 2024). 일부 화상 면접 AI가 면접자의 눈맞춤 정도나 표정 변화를 스캔해 점수를 주는데 이는 문화권별 차이를 고려하지 않아 동양권 지원자들에게 불리하게 작동하기도 한다. 예를 들어 상대방 눈을 오래 쳐다보지 않는 것이 예의인 문화권에 속한 지원자는 면접 내내 눈을 피하는 듯한 태도로 보일 수 있고, 이를 두고 알고리즘이 낮은 신뢰도로 해석해 평가를 깎아버리는 식이다. 기술 자체가 명시적으로 인종, 성별, 문화 배경을 변수로 사용하지 않아도, 다른 연관 특성들(프록시 변수)을 통해 비의도적 차별이 발생하기 쉽다는 점이 확인된 셈이다.

## AI 채용 시스템에서 드러난 편향과 차별 문제

인사 관리 AI가 편향될 때 조직 내 다양성을 훼손할 우려가 크다. 우수한 여성이나 소수 인종 출신의 인재를 놓치는 것뿐 아니라, 내부 직원들이 AI 평가의 공정성을 신뢰하지 못해 사기가 떨어지는 결과로도 이어진다. 현실에서 AI가 편견 없이 공정한 의사 결정을 해 줄 것이라는 기대가 있었지만 정작 과거 인사 데이터에 담긴 역사적 편견이나 기업 문화가 그대로 재현되는 사례가 속속 발견된 것이다.

한편 채용만이 아니라 직원 평가, 승진 예측 등에서도 AI 도입이 이루어진다. 예를 들어 직원의 이메일, 출퇴근 기록, 영업 실적 등을 종합해서 성과 예측 모델을 만들거나, 관리자가 작성한 평가 서류를 자연어 처리 기술로 분석해 승진 가능성을 점수화하는 시도가 있다(Hasan, et al., 2024). 그러나 정확한 성과 지표와 편향 없는 데이터를 확보하기가 쉽지 않다. 특정 부서가 과거에 남성 위주로 승진을 시켰다면, AI는 해당 부서가 남성을 선호한다는 패턴을 잘못 학습해 성별이 프록시 변수로 작동할 위험이 있다. 또 관리자들의 평가 서류에서 특정 인종이나 국적 배경 직원에게 일관되게 낮은 점수가 부여됐다면, 모델은 이를 정상으로 간주해 동일한 차별적 결과를 강화할 가능성이 크다.

## 공정한 AI 인사 관리를 위한 대응 방안

편향된 인사 관리 AI가 조직 다양성에 악영향을 준다는 점이 분명해진 이상, 어떠한 대응이 필요할까? 첫째로, 데이터 편향을 먼저 제거하거나 보완하려는 노력이 중요하다. AI에게 학습시킬 인사 데이터를 준비할 때, 특정 집단이 체계적으로 덜 합격했던 기록이 발견된다면 그 원인이 역사적 차별인지, 혹은 직무 능력 차이인지 면밀히 살펴야 한다(Armstrong, et al., 2024). 코스트 센서티브 러닝(cost-sensitive learning)처럼 소수 집단 오류에 더 높은 페널티를 주어 모델이 차별 경향을 줄이도록 유도하는 기법도 있다. 인종, 성별 등의 정보를 아예 제외하는 방안이 있으나, 다른 변수를 통해 암묵적으로 재현될 수 있어 이것만으로 충분하지 않을 때도 많다.

둘째로, AI 면접 및 평가 도구에 대해 정기적 편향 감사를 진행해야 한다. 뉴욕시 사례처럼 도입 후에도 주기적으로 결과를 모니터링해 특정 성별, 인종, 학벌 그룹이 일관되게 부정적 평가를 받는지 살펴보는 것이다. 예를 들어 최근 1년간 AI가 추천한 최종 합격자 풀을 성별·인종·연령대별로 살펴 차이가 큰지 통계를 내고, 문제가 있으면 즉시 수정한다. 이 과정에서 겉으로는 공정해 보여도 특정 집단이 지속적으로 불이익을 받는다면, 이는 '간접차별(adverse impact)'에 해당할 수 있다. 예를 들어 AI가 특정 단어 사용 패턴을 선호해 특정 학력이나 지역 출신 지원자만 유리하게 평가한다면, 이는 의도하지 않은 차별이므로 반드시 점검하고 수정해야 한다(어승수 외, 2022). 이 작업은 한 번으로 끝나지 않고, AI가 스스로 더 많은 데이터를 학습하거나 기업 정책이 바뀌면 또다시 편향이 생길 수 있기 때문에 주기적 반복이 필수적이다.

셋째로, 최종 결정에는 반드시 사람이 개입하도록 하는 시스템을 설계하는 것이 효과적이라는 의견이 많다. 사람이 AI 결정에 개입하는 절차(Human-in-the-loop)을 통해 AI가 서류 전형에서 탈락시킨 지원자 중 특별 추천 대상자를 선별하거나, 다양성 확보 관점에서 주목해야 할 후보가 있는지 인사 담당자가 이중 점검을 한다. AI 면접 점수가 낮아도 비전형적 경력이나 유니크한 역량을 지닌 지원자를 구제할 수 있는 기회가 열리는 것이다. 또한 AI 점수가 높게 나온 지원자라도 면접관이 직접 면담해 과거 데이터 편향이 작용한 결과인지를 확인하는 과정을 거칠 수 있다. 이런 인간 관여 장치가 있어야만 AI가 약점을 보완해 줄 조언자는 되나, 전권을 쥔 '결정자'가 되지 않는다는 점이 강조된다.

넷째로, AI 인사평가에서 투명성과 설명 가능성(XAI)을 높이는 작업이 필요하다(Hosain, et al., 2023). 지원자나 직원에게 단순히 'AI가 70점이라고 평가했다'라는 결과만 주는 것이 아니라, 어떤 기준과 프로세스로 점수가 산출되었는지 알려 줄 수 있어야 한다. 예컨대 '업무 경력 40%, 기술 스킬 30%, 자기소개서 단어 매칭 30%를 참고했고, 특히 기술 스킬에서 평균보다 낮게 나타났다'라고 설명하면, 지원자는 그 부분을 보완할 수 있다. 기업 입장에서도 이 알고리즘이 특정 집단에 편향되어 있지 않다는 사실을 투명하게 보여 주는 일이 신뢰 구축에 도움이 된다.

다섯째로, 조직 내부 구성원들의 AI 활용 인식도 개선해야 한다. AI가 절대 무오류의 객관적 심판자가 아니라, 잘못된 결정을 내릴 수 있는 도구라는 사실을 HR 담당자부터 직원 모두가 알고 있어야 한다(홍운기 외, 2024). 인사 담당자는 AI 시스템 사용법과 한계를 충분히 이해하고, 결과가 의심스러울 때 추가 검토를 하는 습관을 지녀야 한다. 직원들도 AI 평가 결과를 그대로 수용하는 대신 궁금한 점이나 불만이 있으면 절차에 따라 이의를 제기할 수 있게 만들어야 한다. 이런 문화를 구축하면 AI는 효율성을 높이는 조력자 역할을 하고, 결정 권한과 책임은 여전히 사람이 가진다는 원칙이 확립된다.

여섯째로, AI 자체의 다양성을 높이는 방법도 있다. 인사 관리 AI를 설계하는 개발팀이 다양한 성별, 인종, 전문 분야로 구성되어 있을수록, 놓칠 수 있는 편향을 빨리 발견하고 수정할 가능성이 높아진다(이중학 외, 2025). 예컨대 여성 엔지니어가 포함되어 있었다면 아마존 사례처럼 여성에게 불리하게 작동하는 시스템을 좀 더 빨리 알아챘을 수 있다. 기술 업계는 전반적으로 성별 불균형이 심한 편인데, 2020년 세계경제포럼(WEF)은 데이터 · AI 분야 종사자 중 여성 비율이 26% 정도라고 지적했다(Chi, et al., 2021). 이는 조직이 AI 윤리를 말로만 강조하기보다, 실제로 개발자 집단부터 다양성을 확충해야 공정한 AI를 실현할 토대를 다질 수 있다는 의미다.

마지막으로 법과 정책 측면에서 기업이 책임 있게 행동하도록 만드는 장치가 필요하다. 뉴욕시에서는 자동화된 채용 도구가 차별을 일으키지 않는지 의무 감사를 하도록 했고, 우리나라 등 다른 국가에서도 AI 채용 시 지켜야 할 차별 방지 수칙이나 표준을 논의 중이다(국민권익위원회, 2024). 예를 들어 모든 AI 채용 도구에 대해 성별 · 연령별 합격률이 정상 범위인지 사전 테스트를 거치게 하거나, 결과에 불복할 권리를 지원자에게 주어 이의 제기를 하도록 하는 규정을 생각해 볼 수 있다. 만약 불합격한 사람이 왜 떨어졌는지를 합리적으로 설명 들을 권리를 가진다면 AI가 무분별하게 편향 결정을 내릴 여지도 줄어든다.

결론적으로, AI 시대 인사 관리는 효율성과 공정성이라는 두 가치를 함께 추구하는 균형의 기술이라 할 수 있다. AI는 방대한 데이터를 빠르고 일관되게 처리함으로써 인간이 범하기 쉬운 주관적 오류를 줄일 잠재력을 지녔지만, 동시에 과거의 편견을 되살리거나 새로운 형태의 차별을 만들어 낼 위험도 안고 있다. 이를 막기 위해서는 데이터 단계에서 편향을 수정하고, 정기적으로 편향 여부를 감사하며, 최종 결정은 사람이 책임지고 개입할 수 있는 구조를 갖춰야 한다. 또한 AI 모델의 설명 가능성과 투명성을 높이고, 조직 내부에서 AI 활용 인식을 개선하는 과정도 필수적이다. 이러한 노력들이 결합되어야 인사 담당자는 AI를 맹신하지 않고 현명한 파트너로 삼을 수 있으며, 누구든 편견 없이 기회를 얻을 수 있는 포용적 일터를 실현할 수 있다. 결국 AI는 인사 관리의 보조자일 뿐이지 전권을 지닌 통치자가 아니며, 최종 판단 책임은 여전히 사람에게 달려 있다.

## 참고문헌

국민권익위원회(2024.05). 인공지능(AI)과 청렴윤리경영. https://www.acrc.go.kr/briefs/849fd88ee13c7cd5dd9ac923ef2ed1549f966439a132a5597faa3c1df6f805c5/img/bro.pdf

어승수 외(2022). 간접차별의 국내 채용 맥락에서의 검증. ≪조직과 인사관리연구≫, 46(1), 83-108쪽.

이중학(2024). 『베터 댄 베스트』. 클라우드나인.

홍운기 외(2024). 누가, 언제 알고리즘 평가 제도를 공정하다고 인식할까? 알고리즘 기반 평가 제도에 대한 직원의 공정성 인식 연구. ≪기업경영연구≫, 31(5), 51-75쪽.

Armstrong, L., et al.(2023). The silicon ceiling: Auditing GPT's race and gender biases in hiring. *In proceedings of the 2023 ACM conference on fairness, accountability, and transparency,* pp.123-134, ACM, https://doi.org/10.1145/3689904.3694699

Chi, N., et al.(2021). Reconfiguring diversity and inclusion for AI ethics. *In proceedings of the AAAI/ACM conference on AI, ethics, and society,* pp.789-798, ACM, https://doi.org/10.1145/3461702.3462622

Dastin, J.(2018.10.10). Insight: Amazon scraps secret AI recruiting tool that showed bias against women. *Reuters,* https://www.reuters.com/article/world/insight-amazon-scraps-secret-ai-recruiting-tool-that-showed-bias-against-women-idUSKCN1MK0AG

Hasan, M. R., et al.(2024). Employee performance prediction: An integrated approach of business analytics and machine learning. *Journal of business and management studies,* 6(1), pp.123-135. https://doi.org/10.32996/jbms.2024.6.1.14

Hosain, M. T., et al.(2023). Path to gain functional transparency in artificial intelligence with meaningful explainability. *Journal of metaverse*, 3(4), pp.45–56. https://doi.org/10.57019/jmv.1306685

## 08
## 문화적 편향과 책임 있는 활용

AI 개발과 활용에서 흔히 지적되는 문제 중 하나는 서구 중심의 데이터 편향이다. 이는 곧 AI 시스템이 문화적 다양성을 충분히 반영하지 못하고, 특정 문화권의 가치와 관점만 강화할 위험으로 이어진다. 글로벌 조직에서 AI를 도입할 때 이러한 편향을 인식하고 책임 있게 적용하는 것이 중요하다. 이 장에서는 서구권 데이터 편중 사례와 그 문제점을 살펴보고, 다문화 환경에서 AI를 책임 있게 활용하기 위한 방안을 제시한다.

AI와 한의학?

## AI의 문화적 편향성과 그 기원

AI 시스템은 훈련에 사용된 데이터와 개발자의 배경을 반영하여 문화적 편향성을 띠기 쉽다. 예를 들어 주요 AI 기업과 데이터 세트의 상당수가 서구권에서 나왔기 때문에, 많은 AI 모델이 서구적 관점을 내재하고 있다(Stanford Institute for Human-Centered Artificial Intelligence, 2024). 실제로 한 연구에서는 여러 대규모 언어 모델(LLM)의 문화적 성향을 분석한 결과 모든 모델들이 영어권 개신교 유럽 국가들과 유사한 문화적 가치관을 보여 주었다고 보고하였다(Tao, et al., 2023). 이러한 편향의 기원은 데이터 편향에 있다. 인터넷상의 콘텐츠는 소수의 언어에 집중되어 전 세계 언어의 5%만이 디지털 공간에서 적극 활용되고, 나머지 95%의 언어는 사실상 배제되고 있는 실정이다(UNESCO, 2023a). 다시 말해 AI 훈련 데이터에 다양한 문화와 언어가 고르게 포함되지 못하고, 특정 문화권(특히 영어권)의 자료에 치우치면서 문화적 제한이 생기는 것이다. 또한 데이터 라벨링 작업 등에 참여하는 인력의 문화적 편중도 AI 결과에 영향을 미쳐, AI가 특정 지역이나 계층의 관점을 과대표하거나 다른 문화에 대한 이해가 부족한 상태로 작동할 수 있다(Venkit, 2024). 이런 배경에서 AI는 종종 문화적으로 편향된 결과를 만들어 내어, 타문화에 대한 오해나 차별을 강화하는 문제가 제기되고 있다.

## 문화적 포용성과 AI 공정성의 필요성

문화적 포용성은 다양한 문화적 배경의 사용자들이 AI로부터 공정하고 적절한 서비스를 받을 수 있도록 하는 것을 뜻한다. AI 시스템이 일부 문화에 편향되어 있으면 공정성(fairness)이 훼손되고, 많은 사용자들의 신뢰를 잃게 된다. 예를 들어 AI의 편향이 시정되지 않으면 일부 집단이 경제와 사회 참여에서 소외되거나, AI 결과를 신뢰하지 못해 활용을 꺼리는 현상이 발생한다. 이는 AI의 잠재력을 약화시키고 사회적 갈등을 초래할 수 있기 때문에 문화적 포용성과 공정성을 확보하는 일은 AI 시대에 필수적이다. UNESCO 등 국제기구도 AI의 윤리와 공정성에서 문화적 다양성과 포용성을 강조하고 있다. 특히 2021년 채택된 UNESCO AI 윤리 권고는 저소득국을 비롯한 여러 문화권의 관점이 AI 윤리 논의에서 배제되는 것을 우려하며, 지역 지식과 문화적 다양성을 존중하는 글로벌 공정성의 중요성을 언급한다(UNESCO, 2023b). 이는 AI 개발 초기부터 문화와 윤리를 고려해야 한다는 국제적 합의라 할 수 있다. 다양한 문화적 배경을 반영한 AI는 편향을 줄여 보다 평등한 서비스를 제공할 뿐만 아니라, 혁신성도 높일 수 있다. 여러 관점을 담은 AI는 더 풍부한 해결책을 제시하고 다양한 사용자 니즈를 충족하여, 결과적으로 AI 기술 전반의 포용력과 신뢰를 향상시키게 된다.

## 문화적 포용성과 AI 공정성의 필요성

세계 각국은 자국의 주권(Sovereign)을 반영한 AI 개발, 이른바 소버린 AI에 주목하고 있다. 소버린 AI란 AI가 그 나라의 문화, 사회적 지능, 상식, 역사까지도 코드화한다는 인식에서 출발하며, 각 나라는 스스로 자국 데이터를 모아 고유한 AI를 소유해야 한다는 개념이다(Kim, 2025). 엔비디아 CEO 젠슨 황은 2024년 세계정부정상회의에서 이러한 소버린 AI의 중요성을 역설하며 각국이 자신들의 국가 지능(national intelligence)을 남에게 의존하지 말고 주도적으로 구축해야 한다고 강조했다.

이런 흐름 속에 현지화된 AI 개발 사례들이 등장하고 있다. 한국에서는 네이버가 초대규모 한국어 모델인 하이퍼클로바(HyperCLOVA)를 개발하여 한국어와 한국 문화 문맥에 최적화된 AI 서비스를 제공하고 있다. 네이

버는 더 나아가 다양한 국가들이 자국의 문화와 가치를 반영한 주권 AI를 구축할 수 있도록 필요한 기술을 제공하겠다며 글로벌 AI 다양성의 중요성을 강조하고 있다.

인도 역시 영어권 위주의 AI에 대응하여 힌디어를 비롯한 다양한 인도 지역 언어로 소통하는 AI 모델을 개발함으로써 10억이 넘는 현지 언어 사용자들을 포괄하려는 움직임을 보인다(이는 엔비디아가 정의하는 소버린 AI의 한 사례로 소개되었다). 유럽연합(EU) 또한 디지털 주권 전략의 일환으로 GAIA-X와 같은 클라우드/AI 인프라를 구축하고, 프랑스 등은 자체 대규모 언어 모델을 개발하여 미중 기술 의존도를 낮추려 한다. 이러한 로컬 AI 개발은 각국의 언어·문화적 특수성을 살리고 데이터 주권을 지키는 장점이 있지만, 한편으로는 기술 민족주의나 정보 통제의 우려가 수반된다. 일부 권위주의 국가에서는 소버린 AI를 여론 조작이나 검열에 악용하려는 움직임도 보이기 때문이다.

따라서 각국이 자국형 AI를 추구하되 개방성과 윤리를 함께 고려하여 글로벌 협력과 균형을 유지하는 것이 중요하다.

## AI 포용성 지수 및 글로벌 AI 공정성 평가

AI 포용성 지수는 AI가 얼마나 다양한 집단을 포괄하고 공정하게 작동하는지를 평가하려는 개념으로 볼 수 있다. 현재 완전히 정립된 단일 지수가 있는 것은 아니나, 여러 국제 보고서와 지표가 국가별 AI 역량과 윤리 수준을 비교 평가하고 있다. 예를 들어 옥스퍼드 인사이트의 정부 AI 준비도 지수(Government AI Readiness Index)는 각국 정부가 AI를 도입 · 운용할 준비가 얼마나 되었는지를 평가하면서, 윤리적 · 책임적 AI 활용 여부를 중요한 요소로 포함하고 있다(UNESCO, 2023a). 이 지수에서 UNESCO의 노력 등이 언급된 것은, 단순한 기술 인프라뿐만 아니라 모든 시민을 위한 윤리적 AI 구현이 국가 AI 준비도의 핵심임을 보여 준다.

한편, 세계경제포럼(WEF)은 AI 공정성 글로벌 라이브러리(AI Fairness Global Library)를 구축하여 기업과 기관들이 공정성 원칙을 실제 적용하도록 지원하고 있는데(World Economic Forum, 2022), 이는 다양한 편향 제거 도구와 모범 사례를 모아 놓은 일종의 지식 저장소다. 또한 Stanford AI Index 등에서는 AI 분야 다양성(Diversity) 챕터를 통해 AI 인력 구성과 연구의 지역적 편중을 지적하고 있다. 이러한 보고에 따르면 AI 연구의 상당 부분이 미국과 서유럽에 집중되고 개발자 인구 역시 편협하여 전 세계 인구 구성을 제대로 반영하지 못하고 있다(Stanford Institute for Human-Centered Artificial Intelligence, 2024). 이처럼 글로벌 AI 공정성 평가 지표들은 각 나라의 AI 정책이 포용성과 형평성을 얼마나 고려하는지, AI 시스템 자체의 편향 수준은 어떠한지 등을 비교함으로써 개선을 촉구한다. 가령, 어떤 보고서는 AI 개발 과정에 여성이나 소수 집단 참여율, 훈련 데이터의 지역별 균형도, AI 윤리 가이드라인 채택 여부 등을 점검해 AI 포용성 순위를 제시하기도 한다. 이러한 평가는 국가나 기업으로 하여금 자사의 AI가 글로벌 표준에 비추어 볼 때 공정하고 차별이 없는지 성찰하게 하며, 포용적 AI 생태계를 구축하는 데 지표로 활용된다.

## AI의 문화적 편향 완화와 포용성 향상

우선 AI 훈련 데이터 세트의 언어적 · 문화적 다양성을 확충해야 한다. 전체 인터넷 콘텐츠의 편중을 고려하여, 저대표 언어 및 지역의 데이터를 적극 수집하거나 데이터 증강을 통해 균형을 잡는 노력이 필요하다. 예를 들어 소외된 95% 언어를 위한 데이터 구축 프로젝트를 지원하고, 편향된 레이블을 수정하거나 재수집함으로써 AI

가 편향을 학습하는 근원을 줄일 수 있다. 다양한 문화권의 지식과 관점을 데이터에 포함하면 AI의 세계 이해 범위가 넓어져 편향이 줄어든다.

둘째, 모델 차원에서는 편향 제어를 위한 기술적 기법을 적용할 수 있다. 앞서 언급된 연구에서는 프롬프트에 문화 지침을 주는 문화적 프롬프트(cultural prompting) 기법으로 각 나라별 AI 응답의 문화 적합성을 개선하였다. 그 결과 최신 모델(GPT-4 등)의 경우 이 기법을 사용하자 71~81%의 국가에서 모델 출력의 문화적 정합성이 향상되었다고 한다(Tao, et al., 2023). 이러한 문화적 프롬프트나 후처리 방법, 그리고 페어튜닝(fair tuning), 편향 제거 알고리즘 등을 활용해 모델이 특정 문화권에 치우치지 않고 맥락에 맞는 응답을 하도록 조정해야 한다. 또한 지속적인 편향 평가를 통해 AI 출력에서 문제 소지가 발견되면 즉각 개선하는 모니터링 체계를 구축하는 것이 중요하다.

마지막으로 산업계와 학계 전반에서 포용적 AI에 대한 인센티브와 문화를 형성해야 한다. 기업은 편향 없는 제품이 시장 신뢰와 확대에 유리함을 인식하고, AI 시스템 출시 전 공정성 검증을 거치는 프로세스를 갖춰야 한다. 연구자들은 특정 지역이나 언어를 위한 AI 연구(로

컬 AI)를 장려하고, 국제 학술대회에서도 다양한 언어 자원과 편향 분석 연구에 주목할 필요가 있다. 오픈소스 프로젝트와 협력적 AI 개발을 통해 여러 나라의 지식을 모으면 보다 균형 잡힌 AI를 만들 수 있다. 요컨대, 기술적 개선, 조직적 노력, 정책적 지원이 어우러져 AI 포용성 지수를 높이고 전 세계 다양한 이용자에게 공정한 AI 혜택이 돌아가도록 해야 할 것이다.

### 참고문헌


Kim, H.(2025). The sovereign AI debate and prospects of 'Korean' AI. Korea Economic Institute of America. https://keia.org/the-peninsula/the-sovereign-ai-debate-and-prospects-of-korean-ai/

Stanford Institute for Human-Centered Artificial Intelligence (2024). AI Index report 2024: chapter 8. https://aiindex.stanford.edu/wp-content/uploads/2024/04/HAI_AI-Index-Report-2024_Chapter8.pdf

Tao, Y., et al.(2024). Cultural bias and cultural alignment of large language models. *PNAS Nexus*, 3(9), p.346. https://doi.org/10.1093/pnasnexus/pgae346

UNESCO(2023a). Cutting-edge: Protecting and preserving cultural diversity in the digital era. https://www.unesco.org/en/articles/cutting-edge-protecting-and-preserving-cultural-diversity-digital-era

UNESCO(2023b). UNESCO's pioneering role in measuring AI

readiness: A spotlight on the Oxford insights AI readiness index 2023. https://www.unesco.org/en/articles/unescos-pioneering-role-measuring-ai-readiness-spotlight-oxford-insights-ai-readiness-index-2023

Venkit, P. N.(2024). Non-western cultures misrepresented, harmed by generative AI, researchers say. *Penn state college of information sciences and technology news*, https://ist.psu.edu/about/news/venkit-aies-social-harms

World Economic Forum(2022). A blueprint for equity and inclusion in artificial intelligence. https://www3.weforum.org/docs/WEF_A_Blueprint_for_Equity_and_Inclusion_in_Artificial_Intelligence_2022.pdf

09

# 교육 현장에서의 AI와 다양성

교육은 사회 다양성의 근간을 형성하는 영역이며, AI 기술은 교육의 포용성과 맞춤화를 크게 향상시킬 잠재력이 있다. 적응형 학습 시스템이나 장애 학생 지원 AI 등은 각기 다른 수준과 필요를 가진 학생들에게 개별화된 도움을 제공함으로써, 모든 학습자의 성장과 참여를 도울 수 있다. 이 장에서는 학교와 교육 현장에서 AI가 어떻게 포용적 교육과 다양성 증진에 기여하는지 살펴보고, 그 효과와 과제를 논의한다.

AI와 화장품?

## 적응형 학습 가치와 개인화된 교육 기회

AI 기술이 교육 현장에 본격적으로 들어오면서 가장 주목받는 변화 중 하나는 적응형 학습(adaptive learning) 시스템의 등장이다. 이는 학생 개개인의 속도, 수준, 취향에 맞춰 학습 콘텐츠를 조절해 주는 기술로, 전통적 교실 수업 방식이 가진 획일성을 크게 보완해 준다. 과거에는 수업 진도를 모든 학생에게 동일하게 맞추느라 뒤처지는 학생이나 앞서는 학생이 모두 만족하기 어려웠다. 그러나 AI가 각 학생의 퀴즈 정답 기록, 학습 태도, 이해도 등을 실시간 분석하면, 잘못된 개념을 반복해서 틀리는 학생에겐 추가 설명과 기초 문제를 제시하고, 이미 충분히 이해한 학생에겐 난이도 높은 도전 문제를 줄 수 있다. 한 연구에서도 이러한 적응형 학습이 전체 성취도를 높일 뿐 아니라, 학습 곤란 학생에게 특히 큰 효과를 보였다는 결과가 보고되었다(Dutta, et al., 2024). 이는 학습 격차를 줄이고 교육의 형평성을 높이는 데 중요한 의미가 있다.

이 같은 적응형 학습은 학생마다 다른 학습 스타일도 존중한다. 어떤 이는 영상을 보며 개념을 이해하는 데 강점이 있고, 어떤 이는 텍스트 위주 학습으로 익히는 편이 빠르다. AI가 여러 자료 유형을 동시에 제시하거나, 학생이 선호하는 매체를 자동으로 분석해 제시함으로써, 학습자가 느끼는 부담을 크게 줄일 수 있다. 교사가 한꺼번에 많은 학생을 돌봐야 하는 현실에서, 개별 맞춤은 사실상 불가능에 가까웠지만, AI는 이를 실시간으로 돕는 보조자 역할을 한다. 예를 들어 수학 과목에서 특정 개념을 어려워하는 학생은 기본 예제를 좀 더 반복하고, 속도가 빠른 학생은 응용문제를 미리 접해 창의적 접근을 시도하도록 시스템이 설정되는 식이다. 이렇게 학생의 능력에 맞춘 학습이 가능해지면, 천편일률적 교육에서 벗어나 높은 수준의 개인화를 구현할 수 있다.

## 장애 학생 지원과 언어적 다양성 확보

AI가 가진 또 다른 교육 혁신 측면은 장애 학생 지원이다. 시각 장애인, 청각 장애인, 지체 장애인 등 다양한 유형의 장애를 가진 학생이 수업을 따라가거나 교재를 활용할 때, AI는 새로운 도구로 작동한다(Ferebee, 2025). 시각 장애 학생이 교과서나 칠판을 전혀 볼 수 없다면, AI가 텍스트를 음성으로 실시간 변환(TTS: Text-to-Speech)해 들려주거나, 주변 사물을 인식해 단어나 물체 정보를 자동으로 설명해 줄 수 있다. 마이크로소프트(Microsoft)의 Seeing AI가 대표적인 예인데, 스마트폰 카메라로 책이나 프린트를 비추면 AI가 빠르게 인식해 음성으로 읽어 주므로, 시각 장애인이 수업 내용을 거의 실시간에 가깝게 파악할 수 있다(Bhagat, et al., 2023). 청각 장애 학생에게도 AI는 중요한 역할을 한다. AI가 교사의 음성을 자막으로 변환하거나, 아예 음성을 수어(수화)로 통역해 주는 기술도 연구되고 있다. 구글 미트(Google Meet) 같은 화상 수업 도구에서 실시간 자막을 제공해 주면, 학생이 놓칠 수 있는 강의 내용을 문자 형태로 확인할 수 있어 수업 참여도와 이해도가 높아진다. 장기적으로는 '음성 → 수어, 수어 → 음성' 통역 시스템이 상용화될 가능성도 있는데, 이는 교사와 학생 간의 소통 장애를 획기적으로 줄일 것이다.

발달 장애나 학습 장애 학생을 위한 AI 지원도 점차 활성화되고 있다. 예를 들어 난독증(dyslexia)을 겪는 학생에게는 글자가 섞여 보이거나 문장 구조를 파악하기 어려운데, AI가 글자를 더 가독성 높은 폰트로 변환해 준다거나, 내용을 음성으로 읽어 주는 기능을 제공해 학습 벽을 낮출 수 있다. 자폐 스펙트럼 학생들에게는 대인 관계 기술을 연습하기 위해 소셜 로봇이나 AI 튜터가 안전하고 반복적인 대화 상대가 되어 준다. 실제로 어떤 학교에서는 자폐 학생들이 AI 로봇과 눈 맞추기, 차례 지키기 등의 상호 작용을 꾸준히 훈련해, 사회성 능력을 향상시킨 연구도 있다(Joe, 2024). 이처럼 AI가 장애 학생을 위한 맞춤형 환경을 조성하면, 그들은 일반 학생들과 함께 통합 교육을 받으면서 잠재력을 더 잘 발휘할 수 있다.

언어적 다양성을 위한 지원도 빼놓을 수 없다. 다문화 가정 학생이나 이민자 학생이 늘어난 교실에서, 언어 장벽은 큰 문제였다. AI 번역이나 언어 학습 보조 기술은 이러한 학생들의 이중 언어 발달과 학습권을 보장한다. 예컨대 한국어가 서툰 학생이라면, 교사 설명을 AI 번역기가 실시간으로 모국어로 바꿔 주어 이해를 돕는다. 반대로 한국어 습득을 위해 AI 튜터가 학생의 발음과 문법을 교정해 주고, 맞춤형 과제를 제시할 수도 있다. 미국 일부 학교에선 영어가 모국어가 아닌 학생들을 위해, AI 어시스턴트가 이중 언어로 과제와 학습 안내를 제공한다고 알려졌다(Yeo et al., 2025). 이는 학생들이 언어 문제로 수업에서 소외되지 않도록 하고, 서로 다른 문화적 배경을 존중하는 교실 문화를 만든다.

## 교사 지원과 교육 콘텐츠의 다양화

AI는 교사의 업무 부담을 낮추고, 교실에서 다양성을 관리할 수 있도록 돕는다는 점에서도 의미가 크다. 한 교실에는 다양한 수준과 배경을 지닌 학생들이 섞여 있어, 교사가 일일이 진도를 조정하기 쉽지 않다. 적응형 학습 시스템이나 AI 기반 학습 분석은 어떤 학생이 어떤 개념에서 몇 번이나 오답을 냈는지, 누가 어느 분야에 관심을 보이는지를 시각화해 보여 준다. 또한 수업 후 질의응답에서, 수줍은 학생이 직접 질문하긴 어려워도 AI 챗봇을 통해 익명 질문을 남길 수 있다. 교사는 이를 보고 다음 수업에서 해당 내용을 특별히 강조하거나, 1:1 피드백을 제공하는 식으로 맞춤 대응이 가능하다.

교육 콘텐츠의 다양화 역시 AI를 통해 촉진된다. 생성형 AI가 수업 주제를 여러 갈래로 확장해 준다면, 학생들은 획일적 교재에 얽매이지 않고 자기 흥미나 지역 사회를 반영한 프로젝트를 진행할 수 있다. 예컨대 역사 과목에서 우리 지역의 독특한 사건을 AI가 탐색해 자료를 정리해 주면, 학생들은 지역 역사에 대한 토론 주제를 쉽게 확보한다. 과학 수업에서도 AI 시뮬레이션 도구를 활용해 각 학생이 서로 다른 가설로 실험을 설계해 보는 식으로 교실이 다채로운 연구 현장으로 변모할 수 있다. 예전에는 시간과 자료 제약으로 수업이 하나의 정해진 방향만 따라야 했으나, AI가 여러 대안을 단시간에 준비해 주면 학생 개개인이 서로 다른 접근을 시도해 볼 수 있다.

이는 학생들의 창의성과 다양성을 자연스럽게 북돋아 준다.

## AI 활용 교육의 실제 성과와 과제

선행 연구를 보면 AI 도입이 긍정적 변화를 이끌어 낸다는 지표가 있다. 미국 한 대도시 교육청이 수학 수업에 AI 적응형 학습 소프트웨어를 적용한 뒤, 성취도 하위 25% 학생들의 향상률이 크게 높아졌고, 학기말 시험에서 점수 분포 편차가 줄어들었다는 보고가 나왔다(Sari, et al., 2024). 또 유럽 한 통합 교육 학교에서 청각 장애인과 난민 학생이 섞인 상황에서, AI 번역과 실시간 자막을 활용해 수업 참여도를 높이고 교사 업무 부담을 줄였다는 피드백이 있었다고 한다(Kouremenos & Ntalianis, 2025). UNESCO가 2023년 발간한 혁신 기술과 포용 교육 보고서에서도 AI가 장애 학생의 사회적 참여를 높이고, 학습 맞춤화를 통해 학생들이 자기 주도성을 키우는 사례를 여러 나라에서 찾을 수 있다고 강조했다(UNESCO, 2023).

그렇지만 과제도 적지 않다. 우선 디지털 격차(digital divide) 문제가 있어 AI 학습 도구에 접근할 인터넷 · 기기 장비가 부족한 지역이나 학생들에게는 적용이 어려울 수 있다. 즉, AI를 쓰려면 안정적인 전자기기와 인터넷 접속, 그리고 이를 뒷받침할 인프라가 필수적인데 지역이나 학교마다 이러한 여건 차이가 큰 것이 현실이다. 한국 교사들 대상의 설문에서도 95% 이상이 현재 학교의 디지털 인프라가 부족하다고 응답한 바 있다(이수진, 2024).

또 AI 튜터나 콘텐츠 추천이 항상 옳은 답을 주거나 완벽한 해설을 제공하진 않으므로, 교사의 전문성이 여전히 중요하다. 교사가 AI가 내놓은 설명이 잘못됐거나 불완전하다는 것을 인지하고 바로잡아야 하며, 학생들이 AI에 의존하기보다 사고력을 기를 수 있도록 지도해야 한다. 미국 교원단체에서는 "AI가 교사를 대체할 수 없다"는 점을 강조하며 AI는 어디까지나 도구일 뿐 교육적 판단과 책임은 교사가 져야 한다고 최근 주장이 강하게 나온 바도 있다(U.S. Department of Education, 2023). 또한, 학생들이 AI와 상호작용하는 시간이 늘어나면 교사–학생 간 대면 소통이 줄어들어 정서적 유대나 사회성 발달에 부정적 영향을 줄 수도 있다. 따라서 교사들에게 AI 활용 방안을 체계적으로 연수하고, 실습 기회를 제공하는 지원책이 반드시 뒤따라야 한다. 학생 개인정보와 학습 데이터가 과도하게 수집 · 분석되는 문제도 고민해야 한다.

마지막으로 학습 효과에 대한 불확실성도 단점으로 지적된다. 전자 스크린으로 공부하는 것이 과연 종이책으로 공부하는 것만큼 이해와 기억에 효과적일지에 대해 전문가들의 의견이 갈린다. 일본의 한 연구에 따르면 디지털 교과서가 최소한 종이 교과서와 동등한 학습 효과가 있다는 것이 검증되지 않은 상황에서 성급히 공식 교과서로 삼는 것은 위험하다고 밝힌 바 있다(The Japan News, 2025). 기존 연구를 보면 스크린으로 읽을 때 깊이 있는 이해나 정보 기억률이 떨어질 수 있다고 보고하고 있다. 따라서 AI 교과서 도입으로 학생들의 기초 학력이나 문해력 저하가 우려된다는 목소리가 한국과 일본에서 모두 나온다.

그럼에도 불구하고 AI를 제대로 활용하면 교육 현장의 포용성과 다양성을 크게 높일 수 있음은 분명하다. 과거 산업화 시대 교실이 모두에게 동일한 방식을 요구했다면, 이제는 학생 개개인이 서로 다른 색깔을 지니고 있다는 말을 기술이 실현해 주는 시대가 열리고 있다. 모둠 활동에서 두각을 나타내는 학생, 영상 시청을 통해 개념을 빠르게 익히는 학생, 문제 풀이 과정을 다채롭게 반복해야 이해가 되는 학생 모두에게 AI가 맞춤형 접근을 할 수 있다. 이는 교육의 질을 높이고, 함께 성장하는 학습 문화를 조성하며, 장차 사회의 다양성과 창의성을 더욱 풍부하게 하는 길이기도 하다. 앞으로 더 발전할 AI 기술과 교육 혁신이 만나, 누구도 소외되지 않고 다재다능한 재능을 꽃피우는 미래 세대를 기대해 볼 수 있을 것이다.

### 참고문헌


이수진(2024). [이로운주목]AI교과서 도입 앞날은?...논란 속 도입 정책 혼란 지속. 이로운넷, https://www.eroun.net/news/articleView.html?idxno=51288

Bhagat, S., et al.(2023). Accessibility evaluation of major assistive mobile applications available for the visually impaired. *ITU Journal on future and evolving technologies*, https://doi.org/10.52953/TNRV4696

Dutta, S., et al.(2024). Enhancing educational adaptability: A review and analysis of AI-driven adaptive learning platforms. *2024 4th International conference on innovative practices in technology and management (ICIPTM)*, https://doi.org/10.1109/ICIPTM59628.2024.10563448

Ferebee, S.(2025). AI and accessibility: Breaking barriers for people with disabilities. *Premier journal of artificial intelligence*, https://doi.org/10.70389/pjai.100012

Joe, C. V.(2024). Exploring AI robots-based visual strategy in training children with autism disorder. *Journal of innovative image processing*, 1(4). https://doi.org/10.36548/jiip.2024.1.004

Kouremenos, D. & Ntalianis, K.(2025). GLaM-Sign: Greek language multimodal lip reading with integrated sign language accessibility. Zenodo, https://doi.org/10.5281/zenodo.14610495

Sari, H. E., et al.(2024). Improving educational outcomes through adaptive learning systems using AI. *International transactions on artificial intelligence*, 3(1). https://doi.org/10.33050/italic.v3i1.647

The Japan News(2025). Japan's education ministry eyes using digital textbooks as official schoolbooks. The nation Thailand, https://www.nationthailand.com/news/world/40045384

U.S. Department of Education, Office of Educational Technology(2023). Artificial intelligence and the future of teaching and learning: Insights and recommendations. https://www.ed.gov/sites/ed/files/documents/ai-report/ai-report.pdf

Yeo, M. A., et al.(2025). From academic text to talk-show: Deepening engagement and understanding with Google NotebookLM. Teaching english as a second or foreign language-TESL-EJ, https://doi.org/10.55593/ej.28112int

# 10
# AI와 다양성의 미래 주제

지금까지 살펴본 것처럼 AI와 다양성의 관계는 여러 겹으로 얽혀 있다. 긍정적인 가능성과 함께 디지털 격차 심화나 인지적 편향과 같은 부정적 그림자도 드리우고 있으며, 이러한 복합적인 영향을 데이터로 분석하려는 시도도 늘고 있다. AI 양극화와 인지적 다양성 측면에서 주목할 만한 사례를 보고, 이를 바탕으로 AI 시대에 다양성을 보호하고 더 나아가 풍요롭게 만들기 위한 정책, 연구, 실천 방안을 구체적으로 논의한다.

종교와 AI?

## 인지적 다양성과 AI

AI는 인간의 생각하는 방식과 의사결정 과정에도 지대한 영향을 미치기 시작했다. 이는 긍정적인 측면과 부정적인 측면을 모두 가지고 있는데, 궁극적으로 사회적 인지적 다양성(사람들이 사고하고 판단하는 방식의 다양성)을 변화시킬 수 있다. 먼저 부정적 측면부터 살펴보면, AI를 통해 제공되는 정보가 획일화되거나 사용자의 선호에 치중될 위험이 있다. 예컨대 우리에게 익숙한 필터 버블(filter bubble) 현상이 그 하나이다. 사용자는 자신이 접하는 정보가 편향되어 있다는 사실을 깨닫지 못한 채 점점 지적 울타리 안에 갇히게 될 수 있다. 이렇게 되면 중요한 정보나 대립된 견해를 놓치게 되고, 자신의 관점과 신념만 강화되어가는 메아리 방에 머물 위험이 있다.

사회 전체로 보면, 각자가 자기만의 정보 거품 속에 갇힐 때 타인의 견해를 이해하거나 수용하려 하지 않는 사회적 분열과 극단화가 심화될 수 있다. AI 기반의 추천 알고리즘이 뉴스를 선별해주거나 소셜 미디어 피드를 구성해주는 오늘날, 이러한 필터 버블 효과를 어떻게 완화하여 다양한 목소리를 듣게 할 것인지는 큰 과제가 되고 있다. 또 다른 문제는 인간이 AI에 지나치게 의존하게 될 때 발생하는 인지능력 저하이다. 최근 Microsoft와 Carnegie Mellon의 공동 연구에서는 AI가 내린 답을 매우 신뢰하는 사람일수록 스스로 비판적으로 사고하는 능력을 덜 활용하는 경향이 있다는 결과를 발표했다(Lee et al., 2025). AI가 알려주는 해결책이 맞을 것이라고 확신하기 때문에 굳이 의심하거나 대안을 고민하지 않고 넘어간다는 것이다. 연구자들은 AI가 업무 효율성을 높여주더라도 이러한 비판적 사고의 감소와 장기적 의존이 가져올 위험을 경고하면서, 잘못 사용할 경우 인간의 독립적 사고력이 약화될 수 있다고 지적했다. 실제로 자동화된 시스템을 멍하니 따라가기만 하게 된다거나 창의적으로 생각하기보다는 AI가 주는 답에 안주하게 된다는 등의 현상이 보고되고 있으며, 이는 인간의 창의성과 사고의 다양성 축소로 이어질 수 있다는 우려가 있다. 나아가 중요한 의사결정에서 AI 조언에만 기대어 인간이 책임 있는 판단을 내리지 않게 된다면, 도덕적 탈감각화(moral disengagement)에 이를 수 있다는 지적도 있다. 즉, AI가 알아서 판단해주니까 사람은 스스로 옳고 그름을 숙고하지 않게 되고, 윤리적 판단력이나 공감 능력이 퇴화(moral atrophy)할 수 있다는 뜻이다(Cremer & Narayanan, 2023). 이는 개인의 가치관 형성과 사회의 도덕적 기준 유지에 심각한 영향을 미칠 수 있다. 하지만 AI의 영향이 이처럼 부정적이기만 한 것은 아니다. 적절히 활용한다면 인지적 다양성을 오히려 증진하는 도구가 될 수도 있다. AI는 인간과 다른 방식으로 방대한 정보를 분석하고 새로운 패턴을 발견해낼 수 있기 때문에 인간이 미처 생각지 못한 대안적 관점을 제시할 잠재력이 있다. 한 예로, 조직에서 AI를 일종의 악마의 옹호자로 활용하는 방안을 생각해볼 수 있다. 인간 팀이 어떤 결론에 치달을 때 AI가 의도적으로 다른 방향의 근거와 시나리오를 제시해주면 사람들은 자신들의 가정이나 판단을 다시 한 번 검토하며 집단 사고(groupthink)를 피할 수 있다. 기업 경영진을 대상으로 한 한 조사에서도, 다수의 리더들이 AI가 새로운 역할과 아이디어를 창출하여 팀 내 인지적 다양성을 높일 것으로 기대하고 있었다. 실제 실험 연구 결과도 이러한 가능성을 뒷받침한다. 한 연구에서는 그룹 토론에서 ChatGPT가 생성한 아이디어를 많이 접한 경우, 그룹 전체적으로는 아이디어의 다양성이 증가하는 효과가 나타났다(Ashkinaze, et al., 2024). 흥미롭게도 AI 제안에 많이 노출된 그룹은 개인별 창의성 수준이 통계적으로 유의미하게 향상되지는 않았지만, 다양한 종류의 아이디어가 제시되어 집합적 창의 풀이 풍부해졌다. 이는 AI가 인간에게 새로운 발상이나 관점을 불어넣음으로써 전체적으로 사고의 폭을 넓힐 수 있음을 시사한다. 다시 말해, AI가 항상 인간의 생각을 획일화하는 방향으로만 작용하는 것은 아니며, 어떻게 활용하느냐에 따라 다양성의 촉매가 될 수 있다.

결국 AI와 인지적 다양성의 관계는 양면적이다. AI는 한편으로 잘못 사용하면 인간을 스마트하지 않은 수동적 존재로 만들 위험이 있지만, 잘 활용하면 인간을 더 지혜롭고 창의적인 존재로 도약시킬 수도 있다. 미래의 사회적 다양성이 풍부해질지 아니면 축소될지는 AI 시대를 살아가는 우리의 선택과 행동에 달려 있다. 인간이 AI의 판단을 맹신하며 자신의 사고를 멈추는 길을 택한다면 다양한 생각과 가치들이 설 자리를 잃고 사회는 단조로운 방향으로 흐를 것이다. 반대로 AI를 비판적으로 수용하고, AI를 통해 얻은 새로운 통찰을 인간의 고유한 판단과 결합한다면, 우리는 더 다채로운 아이디어와 가치관이 공존하는 미래를 만들어갈 수 있을 것이다. AI는 어디까지나 도구이며 최종적인 사고의 주체는 인간임을 명심해야 한다. 이를 바탕으로 AI를 설계하고 활용한다면, 기술 발전이 인간 정신의 다양성을 억누르기보다는 오히려 강화하는 방향으로 나아갈 수 있을 것이다.

## 양극화와 AI 리터러시

AI 기술의 발전은 새로운 형태의 디지털 격차, 이른바 AI 격차를 낳고 있다. AI를 자유롭게 활용하여 혜택을 보는 사람들과, 그렇지 못한 사람들 사이의 차이가 벌어지는 현상이다. 특히 여성, 유색인종, 저소득층, 장애인과 같은 기존의 취약계층이 AI 시대에 뒤처질 위험이 크다는 지적이 있다. 이는 곧 기술적 · 사회적 불평등으로 이어질 수 있다. 많은 사람들이 AI에 대해 기대와 동시에 두려움을 갖고 있는데, 설문조사에서는 AI에 불안함을 느낀다는 응답이 52%에 달했다(UNESCO, 2024). 이러한 두려움과 낮은 이해도는 AI 학습을 주저하게 만들고, 결국 AI 리터러시(AI 활용 능력)의 격차를 벌리는 요인이 된다. AI를 잘 모르는 사람들은 기술을 피하거나 배제될 수 있고, 반대로 AI를 잘 다루는 집단은 더 많은 정보와 기회를 독점하게 될 것이다.

현대의 고용 시장에서도 AI 리터러시는 점점 더 필수적인 능력이 되고 있다. 최근 기업들을 대상으로 한 조사에 따르면, 무려 73%의 고용주가 AI 기술 역량을 갖춘 인재를 우선적으로 채용한다고 응답했다(PwC, 2024). 심지어 AI 활용 능력이 있는 지원자에게는 그렇지 않은 경우보다 최대 50%까지 높은 급여를 제시하는 경향도 나타났다. 이러한 현실을 볼 때, AI를 이해하고 다룰 줄 아는 능력이 부족한 사람은 양질의 일자리와 사회 참여 기회를 얻기 어려워질 수 있다. 실제 대학생 8000명을 대상으로 한 조사에서는 대부분의 학생들이 AI가 앞으로 대부분 직업의 필수 요소가 될 것이라고 믿었지만, 정작 개인별 AI 도구 활용도에는 큰 차이가 있었다. 스마트기기 등 기술 접근성이 높은 환경에서 성장한 학생일수록 AI를 친숙하게 여기고 적극 활용한 반면, 경제적으로 어려운 지역 출신 학생들은 AI 도구 사용 빈도가 훨씬 낮고 이해도도 떨어졌다. 이는 기술 접근성 격차가 곧바로 AI 활용 격차로 이어지며, 그대로 두면 사회 계층 간 능력의 양극화를 심화시킬 수 있음을 보여준다. 따라서 AI로 인한 격차를 완화하고 모두가 기술 혜택을 누리는 사회를 만들기 위해서는 AI 리터러시를 전사회적으로 향상시킬 필요가 있다.

이를 실행하기 위해서는 다음과 같은 방안을 고려해 볼 수 있다. 첫째, 초중등학교 정규 교육과정에 AI에 대한 기본 개념과 활용 방법을 포함시킬 수 있다. 이를 통해 어린 학생들부터 AI가 무엇이며 어떻게 활용되는지를 올바르게 배우도록 한다. 예컨대 컴퓨터 활용 사고 능력, 비판적 사고 및 AI의 윤리적 이슈 토론 등을 커리큘

럼에 추가하여 미래 세대의 AI 소양을 높인다.

둘째, 대학 교육과 직업훈련 프로그램에도 최신 AI 기술 동향과 활용법을 가르치는 과정을 마련한다. 이미 사회에 나와 있는 성인들을 위한 평생교육 차원에서 AI 워크숍, 온라인 코스 등을 제공하여, 세대와 분야를 막론하고 누구나 지속적으로 배울 기회를 갖추게 한다. 특히 일자리 변화에 취약한 계층(예: 중장년 노동자나 일자리를 잃은 사람들)에게 AI 역량을 함양할 재교육 기회를 지원한다.

셋째, 농어촌이나 저소득층처럼 디지털 접근성이 낮은 지역과 계층에 대해서는 정부와 지자체가 나서서 인프라와 기기를 지원한다. 예를 들어 공공 도서관이나 주민 센터에 AI 학습에 필요한 컴퓨터, 인터넷, 소프트웨어 등을 구비하고, 누구나 무료 또는 저렴하게 이용할 수 있게 한다. 기술 장비의 보급과 함께, 해당 커뮤니티에 맞춘 AI 기초 교육 세션을 제공하여 지역 간의 격차를 줄인다.

넷째, 일반 시민들이 AI를 너무 두려워하거나 거부감 갖지 않도록 쉽고 친근한 대중 교육을 실시한다. 예를 들어 온라인 동영상이나 지역 행사 등을 통해 AI의 기본 원리, 활용 사례, 한계와 위험성을 알기 쉽게 설명하여 막

연한 공포를 해소한다. 이는 특히 고령층이나 비전문가들이 AI를 이해하는 데 도움을 주어, 사회 전반의 AI 수용성을 높일 수 있다.

이러한 노력이 결실을 맺으면 AI에 대한 전반적인 이해도 향상과 함께 기술 활용의 격차가 줄어들 것이다. AI 리터러시가 높아진 사회에서는 사람들마다 AI를 도구로 적극 활용하여 생산성과 창의력을 높일 수 있고, 잘못된 정보나 편향에 휘둘리지 않고 비판적으로 기술을 수용하는 문화가 자리 잡을 것이다. 궁극적으로 이는 AI로 인한 부정적 영향(예: 일자리 상실, 정보 격차)에 대한 회복탄력성을 키우고, 기술 발전이 모든 계층에게 도움이 되는 포용적 혁신을 이루는 기반이 된다. AI 시대의 교육은 단순히 코딩을 가르치는 것을 넘어, AI와 함께 살아가는 방법을 가르치는 일이라고 할 수 있다.

### 참고문헌


Ashkinaze, J., et al.(2024). How AI ideas affect the creativity, diversity, and evolution of human ideas: Evidence from a large, dynamic experiment. arXiv, https://arxiv.org/abs/2401.13481v2

De Cremer, D. & Narayanan, D.(2023). How AI tools can – and can not – help organizations become more ethical. *Frontiers*

*in artificial intelligence*, 6, 1093712.
https://doi.org/10.3389/frai.2023.1093712

Lee, H.-P., et al.(2025). The impact of generative AI on critical thinking: Self-reported reductions in cognitive effort and confidence effects from a survey of knowledge workers. *In proceedings of the CHI conference on human factors in computing systems,* pp.1-23, ACM.

PwC(2024). AI Jobs Barometer.
https://www.pwc.com/gx/en/issues/artificial-intelligence/ai-jobs-barometer.html

UNESCO(2024). AI literacy and the new digital divide: A global call for action.
https://www.unesco.org/en/articles/ai-literacy-and-new-digital-divide-global-call-action

**이중학**

가천대학교 경영학부 인사조직 · HR 데이터분석 전공 교수로 근무 중이다. 동국대학교에서 조직·인사 전공과 University of Reading, the Henley Business School에서 국제경영 및 전략 전공으로 박사학위를 취득했다. HMG(현대자동차 그룹)경영연구원 미래경영연구센터 책임매니저 및 롯데인재개발원 DT 인재육성팀장으로 근무했다. 인공지능, 다양성 관리, People Analytics 관련 연구를 수행하고 있으며, ≪인사조직연구≫, ≪조직과 인사관리연구≫, ≪Personnel Review≫, ≪Asian Business & Management≫ 등의 학술지에 35편 이상의 논문을 게재했다. 『베터 댄 베스트』, 『데이터와 사례로 보는 미래의 직장』, 『데이터로 보는 인사이야기』 등 8편의 책을 저술하고 번역했다.